Lo que la gente está diciendo de *Sé valiente: el curso completo para desarrollar confianza en ti mismo*

"El fundamento de la responsabilidad en *Sé valiente: el curso completo para desarrollar confianza en ti mismo* da justo en blanco".

—Stephen R. Convey, autor de: *Los siete hábitos de la gente altamente efectiva*

"Walter Anderson ha escrito un libro maravilloso, tan instructivo como inspirador, lleno de consejos prácticos de alguien que sabe de lo que está hablando".

—Bill Bradley

"La psicología de *Sé valiente: el curso completo para desarrollar confianza en ti mismo* es muy buena, pero Walter Anderson ofrece mucho más que psicología. Le brinda al lector fe en sí mismo. Su prosa es inteligente y calurosa, y le habla personalmente a cada lector. He releído el capítulo sobre "Cómo escoger la vida que quieres" y pegué una copia de los principios básicos de las páginas 242-243 junto a mi escritorio. Recomiendo este libro como mucho más que una guía hacia la confianza; es una guía para la vida".

—Dr. Georgia Witkin

"*Sé valiente: el curso completo para desarrollar confianza en ti mismo* es un excelente manual para llegar lejos con las energías y las esperanzas de uno mismo. Leyéndolo, tuve el mismo sentimiento que al asistir a una de las clases de Walter Anderson: aprendes a incrementar tu eficiencia y a mejorar tu calidad de vida. Hay tantos *sistemas* en el libro, que seguirlos paso a paso, de seguro, le permitirá a cualquiera aumentar su sentimiento de autorrealización".

—Hugh Downs

"*Sé valiente: el curso completo para desarrollar confianza en ti mismo* es más que una clase de construcción de confianza. Es un clásico sobre cómo lidiar con la vida real. Cualquier empresario, grande o pequeño, que se lo recomiende a gerentes o empleados tiene asegurado ver una mejora en las actitudes de estos hacia sí mismos, lo cual, en últimas, resulta en ganancias".

—Tom Harken, director ejecutivo de
Tom Harkem and Associates

"Walter Anderson es, sin duda, un narrador extraordinario. Nos guía por el trayecto de un niño que, desde el lado equivocado de las vías, enfrenta sus ansiedades y logra alcanzar el éxito profesional y personal. El resultado de esto es un libro que reúne una colección de anécdotas personales, consejos de celebridades y atractivos ejercicios para tener el coraje de ser tú mismo. *Sé valiente: el curso completo para desarrollar confianza en ti mismo* es una experiencia lectora esencial e inspiradora".

—Dr. Judy Kuriansky

"Walter Anderson ha escrito un maravilloso libro que le proporciona a cada lector un aliento especial, una dosis extra de confianza. Su amable ánimo es una luz de esperanza para todos aquellos que necesitan un impulso".

—Dave Thomas Chariman, Wendy's International, Inc.

"*Sé valiente: el curso completo para desarrollar confianza en ti mismo* es más que un libro sobre la construcción de confianza. Es una comprobada guía paso a paso para desarrollar un mayor nivel de autoestima. Por haber asistido a uno de los cursos de los cuales surgió este libro, sé de primera mano que estas ideas y conceptos funcionan. Las respuestas positivas de los estudiantes lo confirman. Estoy seguro de que *Sé valiente: el curso completo para desarrollar confianza en ti mismo* te puede ayudar".

—Wally Amos

"Para aquellos afligidos y –de alguna manera– inseguros, *Sé valiente: el curso completo para desarrollar confianza en ti mismo* es tan preciso como el bisturí de un cirujano y tan dulce como la salvación. A diferencia de la usual colección de predicaciones y parábolas de "autoayuda", este libro es un profundo acto personal de compartir. Te enseña cómo ir hasta el fondo de tu propio dolor y extraer de allí las joyas que yacen; cómo enfrentar tus miedos: no perderlos, pero sí usarlos. Un logro impactante por parte de un guerrero que odia la opresión y que irradia empoderamiento con cada palabra que enseña".

—Andrew Vachss

"*Sé valiente: el curso completo para desarrollar confianza en ti mismo* es un regalo para los lectores sedientos de esperanza y autoconfianza. Aquí encontrarán, como lo hice yo, soluciones a problemas que parecen imposibles de resolver, soluciones derivadas de la lucha de Anderson por sobrellevar el miedo y vencer la ira y el estrés. Hallarán el poder transformador que hay detrás del enorme éxito del autor".

—Fulton Oursler, Editor Jr., *Guideposts*

"Walter Anderson cree en la gente y sabe cómo ayudarles a que se ayuden; lee este libro y lo tendrás apoyándote".

—Andrew Tobias

"Walter Anderson es un maravilloso narrador con un mensaje que le llega a todo el mundo; sobre la ira, sobre la timidez, sobre cómo librar las guerras internas".

—David Lawrence, editor y presidente, *Miami Herald*

"Walter es una persona extraordinaria cuya sensibilidad a los problemas humanos de la vida es cautivadora. *Sé valiente: el curso completo para desarrollar confianza en ti mismo* habla de una verdad que es elegante en su simplicidad y altamente precisa en su alcance y rango. Serán muy pocas las personas que no se vean fortalecidas al adoptar las palabras de Walter de todo corazón".

—Terry M. Giles, Presidente, Giles Enterprises

SÉ VALIENTE

El curso completo
para desarrollar
confianza en ti mismo

WALTER ANDERSON

TALLER DEL ÉXITO

SÉ VALIENTE

Publicado por:
Taller del Éxito, Inc.
1669 N.W. 144 Terrace, Suite 210
Sunrise, Florida 33323
Estados Unidos
www.tallerdelexito.com

Editorial dedicada a la difusión de libros y audiolibros de desarrollo y crecimiento personal, liderazgo y motivación.

ISBN: 978-1607383376

Printed in Colombia
Impreso en Colombia

Impreso por: Editora Géminis S.A.S.

19 20 21 22 23   R I CK   06 05 04 03 02

Para Eric y Melinda,
que han sido amados por su madre
y por mí cada día de sus vidas

Contenido

Contenido

SIETE PASOS HACIA LA AUTORREALIZACIÓN

1. Saber quién es el responsable
Acepta la responsabilidad personal por tu comportamiento. Cuando dices: "Yo soy responsable", puedes construir una nueva vida, incluso un nuevo mundo.

2. Creer en algo grande
Tu vida es digna de un motivo noble.

3. Practicar la tolerancia
Te querrás mucho más a ti mismo y también lo harán los demás.

4. Ser valiente
Recuerda: el coraje es actuar con miedo, no sin él. Si el desafío es importante para ti, se supone que debes estar nervioso.

5. Amar a alguien
Pues debes conocer la dicha.

6. Ser ambicioso
Ningún esfuerzo por sí solo resolverá todos tus problemas o te llevará a alcanzar todos tus sueños, ni siquiera será suficiente. El querer ser más de lo que somos es real, normal y saludable.

7. Sonreír
Pues nadie más puede hacer esto por ti.

PRÓLOGO
Mi momento más humillante

Nada puede generar prevención más rápidamente, en casi cualquiera persona que conozco, que una simple solicitud: "¿Podrías hablar frente a todo el grupo?". Mi más vivo recuerdo de este tipo de miedo me devuelve a mi clase de séptimo grado en el *Immanuel Lutheran School* en Mount Vernon, Nueva York. Esta es una historia que originalmente conté en 1968 en mi primer libro, *Courage Is a Three-Letter Word*, pero que, en este libro, tiene un final distinto y más feliz.

Había cumplido trece hace años hace apenas unos pocos meses, y creía que todos los ojos estaban puestos en mí, quemándome la nuca como si fueran focos de luz. Quería gritar o llorar o morirme. Sentía tan fuerte el latir de mi corazón en mis oídos, que estaba seguro de que los demás podían oírlo también. Si rememoro mi vida, a pesar de miles de otros errores y vergüenzas, este fue mi momento más humillante.

Nuestro profesor me había ordenado quitarme la camisa y pararme sobre mi escritorio. Lo que le molestaba era que yo tenía el cuello de mi camisa estirado hacia arriba, un estilo utilizado por los adolescentes en 1950. Él iba a ponerme de ejemplo frente de todos mis compañeros de clase.

"¡Quítate la camisa!", me ordenó.

Yo prometí nunca más volver a usar el cuello así.

"Ya son dos veces", dijo caminando a pasos grandes hacia mi escritorio. "¡Quítatela!".

Me tenía a su merced y lo sabía. Mount Vernon —cuatro millas cuadradas con casi 70.000 personas viviendo apenas más allá del Bronx, el distrito más al norte de Nueva York— es un pueblo con una rasgadura en su vientre, un ferrocarril que la parte en dos. Yo vivía en la parte más al sur, en una casa ubicada en una calle donde los jóvenes con frecuencia usaban chaquetas de motociclistas, engrasaban su cabello, hablaban fuerte e intentaban parecer desafiantes; un barrio en el cual la esquina, por violenta que fuera, era más segura que la explosiva tensión de casa. Mi casa. *Immanuel* estaba ubicada al norte —del "lado correcto" de las vías— en una sección llamada Fleetwood. Fácilmente, podría decirse que estaba a medio mundo de mí. Allí había prosperidad y paz. Cruzaba las vías para ir a casa todos los días, a ese lugar donde los jóvenes usaban el cuello de la camisa arriba.

"¡Que te la quites!", ordenó de nuevo el profesor, cerniéndose sobre mí.

Era un hombre alto, y su cuerpo le cerraba el paso a cualquier oportunidad que tuviera yo de huir. Alguien se rió.

"Por favor...", supliqué.

"¡Ya!".

Me desabotoné la camisa.

"¡Apúrate!".

Me desabroche las mangas y me quité la camisa, dejándola colgada detras de mí, en mi silla. My camisa interior tenía agujeros. Muchas personas se rieron.

"¡Levántate!".

Me puse de pie.

El profesor, que había estado todo el tiempo al lado de mi escritorio, se dirigió al centro del salón. Me había estado matoneando todo el año. Pensé entonces —y ahora lo entiendo— que se debía a que yo era distinto, o al menos eso parecía. Mi ropa no era como la que usaban los otros estudiantes; era muy similar a la que usaba la gente de mi barrio, pero diferente de la que vestían en el colegio. Al haberme olvidado de bajar el cuello de mi camisa, le había dado al profesor la oportunidad que había estado buscando.

Estaba solo.

"Pasen a la página...", dijo, ignorándome.

Podía oír mi corazón latiendo aún más fuerte en mis oídos; el calor que crecía en mi nuca se empezaba a tornar insoportable. Para un niño de trece años, su peor secreto había sido revelado. La camisa interior llena de huecos que todos podían ver era prueba de mi pobreza, prueba de que venía del sur, de que era indigno de los demás estudiantes del norte.

Quizá pasaron segundos, quizá minutos, antes de buscar de nuevo mi camisa. Pareció una eternidad.

"No te dije que te movieras", dijo el profesor desde el frente del salón.

Lo ignoré mientras me abotonaba la camisa y me sentaba otra vez. La campana sonó antes de que él llegara a mí.

"¡Un momento!", ordenó. Todo el mundo se detuvo.

"Solo Walter", agregó.

Uno o dos estudiantes trataron de permanecer cerca de la puerta, para oír algo de lo que me iba a decir. "Andando", les dijo.

"Vas a aprender a escucharme", dijo. Permanecí callado.

"Vete a recreo".

Caminé hacia la puerta, me volví hacia el profesor y lo llamé por su nombre.

"¿Sí?".

"Por qué no te vas al diablo tú", le dije, con mis ojos llenándose de lágrimas.

Desde las profundidades de mi ansiedad, había encontrado la respuesta correcta: no fueron mis palabras, debidas a la provocación, las deliberadamente irrespetuosas. Fue el hecho de haberme afirmado a mí mismo. En ese momento, había descubierto las raíces de mi propia dignidad. Me había atrevido a ser yo mismo. Mi madre, que aunque ciertamente no excusaba mi comportamiento, comprendió lo ocurrido y estuvo a mi lado cuando fui amenazado con expulsión. La siguiente noche, le suplicó a la junta directiva que me permitiera seguir estudiando hasta junio. Luego, les prometió a los miembros que escucharon su ruego que me transferiría a otro lugar.

"A cualquier otro sitio", se le aconsejó.

Habiendo ganado la batalla, el profesor, en gran medida, detuvo su matoneo; terminé el año académico silenciosamente.

* * * *

Conocí al Dr. Norman Vincent Peale cuando *Courgae Is a Three-Letter Word* fue publicado. Tres años después, luego de un buen tiempo de habernos hecho amigos, me pidió que escribiera un artículo sobre el perdón para su revista, *Guideposts*. El texto, que apareció en noviembre de 1989, se tituló "Mi más fuerte lucha". Describía la manera en que, como adulto, aprendí a entender el alcoholismo de mi padre y pude entonces controlar la ira que ardió dentro de mí durante años.

Como resultado de ese artículo, recibí muchas cartas, pero hubo una de estas que me conmovió más que las otras:

"Querido Walter", empezaba…

Siento mucho haberte hecho quitar tu camisa y avergonzarte en frente de la clase. Me había olvidado de todo eso hasta hoy en la mañana cuando leí tu libro, y, ¡oh!, qué apenado me siento de haber hecho algo así, en especial cuando mi labor era enseñar a los jóvenes a amar.

Según decía, resultó ser que su esposa leyó el artículo en *Guideposts* y sospechó que yo era el mismo Walter Anderson que había estado en su clase en *Immanuel* hacía tres décadas. Cuando, al día siguiente, fue a la biblioteca local, encontró una copia de *Courage Is a Three-Letter Word*, y descubrió el pasaje que contaba lo ocurrido entre nosotros dos. En su carta, me explicaba cómo, de niño, él mismo fue matoneado en repetidas ocasiones por tipos rudos sin ningún tipo de piedad, y cómo todo esto había dejado en él una impresión dolorosa:

> *Walter, puede que yo estuviera tan asustado de ti como tú de mí. Pensaba que eras todos esos tipos rudos reunidos en uno. ¿Quién sabe qué tanto de tu padre amenazante veía en mí tu niño interior y qué tanto de los matones que me aterrorizaron como niño veía yo en ti? Lamento mucho que las cosas no hayan sido distintas y sé que, como adulto, debí ser yo quien diera ejemplo.*

Para ayudarme a entender su estado mental en aquel tiempo, me contó algunos eventos terribles que él, su esposa y su familia tuvieron que enfrentar. Y me expresó su deseo: "Espero y ruego que me perdones…".

Yo lo había perdonado, por supuesto… hacía ya muchos años. Primero, sin embargo, tuve que evolucionar de un adolescente enfadado a un adulto con confianza. El trayecto fue muchas veces doloroso, pero, ¿acaso la vida no se trata de subidas y bajadas, y de aprender de ambas cosas?

De lo mismo se trata *Sé valiente: el curso completo para desarrollar confianza en ti mismo.*

Espero que, cuando llegues al epílogo de este libro y leas mi respuesta a este profesor que me cambió la vida de muchas más maneras de lo que se imaginaba, tú también hayas crecido en tu recorrido por *Sé valiente: el curso completo para desarrollar confianza en ti mismo*.

INTRODUCCIÓN
Podemos aprender a tener confianza

Ahí estaba yo, solo, temblando, escondido en las alas del Teatro Ford en Washington, D.C. Por medio de los altoparlantes, una elegante voz masculina le daba una calurosa bienvenida al público, recordándoles a todos que el uso de cámaras y dispositivos electrónicos estaba estrictamente prohibido.

Con cada segundo que pasaba, mi pulso crecía un poco más. No había escapatoria; era muy tarde para arrepentirse o huir. Cientos de personas estaban allá afuera, esperando. Sabía que dentro de unos pocos minutos debería abandonar la seguridad de las pesadas cortinas que ahora me escondían de la vista, caminar hacia el centro de ese histórico escenario y dar comienzo a un show de un solo hombre, una actuación de noventa minutos que yo había escrito llamada "Talkin' Stuff" (Hablando las cosas).

Movía mi cabeza de un lado a otro. Me preguntaba: "¿Cómo fue que me metí en esto? ¿Qué fue lo que hice? ¿Por qué, caray, por qué estoy aquí?".

Hace algunos años escuché un comentario de un compañero: "No hay finales felices". Casi está en lo cierto, pensé. Debió haber agregado: "Solo hay luchas". La vida es injusta y a veces trágica. Otro tipo obtiene los frutos del árbol que plantamos, obtiene la recompensa que debió der nuestra, se roba el crédito de nuestro trabajo. Vemos cómo gente perezosa corre con suerte y cosas muy malas le pasan a personas muy buenas. Nuestras propias familias y amigos, en ocasiones, nos decepcionan o incluso nos hieren. Y nosotros los herimos y los decepcionamos. No, la vida no es justa.

Así que, sabiendo que puedo recibir una patada, de todos modos, a pesar de hacer mi mejor y más sincero esfuerzo, ¿cómo voy a enfrentar el futuro con confianza?

Estando 100% vivo.

Eso fue exactamente lo que el viejo Dr. Norman Vincent Peale, mi amigo, me dijo al hacerle esa pregunta hace muchos años, y aún no he escuchado una mejor respuesta.

"Debes estar 100% vivo".

Hazlo. Comprométete. Comprométete con este libro. Estás leyendo esto porque quieres vivir con un mayor nivel de confianza ahora mismo. Esperas descubrir algo en estas páginas que fortalezca tu voluntad, potencie tu coraje, reduzca tus ansiedades y miedos, e incluso pueda ayudarte a responder: *¿Quién soy? ¿Qué quiero hacer?* Te gustaría sentirte competente, realizado, necesitado. Y, sí, quieres amar.

Okey, dices. Estoy listo. ¿Cómo empiezo?

Primero, el gancho. Ningún libro —incluyendo este— puede hacer el trabajo por ti. La verdad es que yo no puedo volverte alguien con confianza. Lo que *sí* puedo es enseñarte a ser una persona con *mayor* confianza. Así que, si no renuncias ahora mismo, te haré esta promesa: sigue este curso —y sí *es* un curso— y te daré lo mejor que tengo. Sin trucos, sin promesas vacías. Aprenderás lo que yo sé que funciona.

Este libro surgió de un curso de siete días sobre autoconfianza que fui animado a crear y dictar en el New School for Social Research en la ciudad de Nueva York, en 1994. Elizabeth Dickey, decana, y Marjorie Vai, la presidente del departamento, fueron persuasivas, asegurándome que existía una genuina necesidad de esto. Acordamos que la clase sería llevada a cabo si lograba atraer entre diez y doce estudiantes, una expectativa razonable para un curso nuevo. Sin embargo, tres semanas antes de que el tiempo para registrarse concluyera, la profesora Vai me llamó para advertirme que, aunque normalmente las clases estaban "copadas" con veinte estudiantes, más estudiantes seguían inscribiéndose. Me preguntó qué pensaba de una clase de mayor tamaño. "Cuanto más, mejor", respondí. En ese punto, veinticinco estudiantes parecían un público razonable. Era evidente que tanto ella como la decana Dickey tenían razón sobre la necesidad: si más de veinte estudiantes se habían inscrito, esto indicaba un interés genuino. Tenían más razón de lo que sabíamos. Para la primera clase, se habían inscrito 54 estudiantes, y debimos trasladarnos de un salón de clase a un anfiteatro. Adicionalmente, la editora de ese momento de la revista *Self*, Alexandra Penney, escuchó hablar de la clase y envió una reportera,

Lauren Picker, a convertirse en una de mis estudiantes. Lauren escribió un artículo sobre el curso que fue publicado en *Self,* en el número de marzo de 1995.

Después, Alexandra Penney me comentó por qué sentía que *Sé valiente: el curso completo para desarrollar confianza en ti mismo* era más valioso que otros intentos similares: "Es real. No es psicocháchara. Tú compartes consejos prácticos y reveladores basados en experiencias de la vida real. Esto le llega a las personas y funciona. No se trata de los típicos consejos tipo 'siéntete bien' que no duran".

¿De dónde viene *Sé valiente: el curso completo para desarrollar confianza en ti mismo?*

Principalmente, de mis propias experiencias de vida y de las de las cientos de personas exitosas que he llegado a conocer muy bien durante las últimas tres décadas.

He aprendido que un individuo puede sentirse supremamente confiado en un área de la vida, pero ser un desastre en cualquier otra. Por ejemplo, un exitoso corredor de bolsa que comercia con millones de acciones al día puede sentirse muy nervioso con la idea de dirigirse a un salón lleno de accionistas.

Por mi parte, he vivido con miedo y ansiedad toda mi vida. No tengo ningún recuerdo de *no* tener que luchar contra los más dolorosos sentimientos de inferioridad. Hijo de un violento padre alcohólico y viviendo en una vecindad, de niño sentía me sentía vulnerable a ser herido o, peor aún, avergonzado. De adulto, me volví tan sensible a este tema que, cuando escribí mi primer libro, *Courgae Is a Three-Letter Word,* el título que le di al primer capítulo fue *"What Will I Do When They Find Out*

I'm Me?" ("¿Qué voy a hacer cuando se den cuenta de que yo soy yo?").

Hasta el día de hoy sufro ataques de ansiedad. Sin embargo, a pesar de mis nervios, acepto muchas de las solicitudes que me envían para hablar frente a grupos de todos los tamaños. He sido invitado a programas de radio y televisión, y he sido el anfitrión de un show televisivo especial en directo que animaba a padres e hijos a leer juntos. He sido entrevistado por reporteros de radio, televisión, revistas y diarios. He escrito varios artículos y cuatro libros. Por más de quince años, he editado la revista con más amplia circulación en el mundo, *Parade*. Y, como puede verse al principio de este pasaje, me he parado frente a un escenario, solo.

¿Qué he aprendido?

He aprendido a hablar y escribir de forma clara, efectiva y, más importante aún, con confianza, *sin importar el grandísimo miedo que sienta*. Creo que los seres humanos se pueden transformar, y sé que la verdadera confianza solo viene de la experiencia. Por lo tanto, en *Sé valiente: el curso completo para desarrollar confianza en ti mismo*, aprenderás lo que he aprendido yo, en un lenguaje directo: *Cómo preocuparse bien*. Así es, preocuparse *bien*, que implica descubrir la manera de aprovechar tu ansiedad y disminuir tus apremiantes sentimientos de inferioridad.

Cómo expresar lo que quieres decir.

Cómo persuadir.

Cómo contar una historia bien.

Cómo conseguir la atención de otra persona.

Cómo caerles bien a otros y hacer que te respeten.

Cómo aprender realmente de tus errores.

Cómo reconocer y apreciar la significativa diferencia entre amar y ser amado.

Cómo definir el éxito genuino, vivir con dignidad y sentido.

Cómo hallar el coraje que necesitas cuando lo necesitas; por ejemplo, en aquellos momentos en que debes decirle "no" a alguien o cuando te piden que hables frente a un grupo.

Cómo acordarte de las cosas.

Y qué hacer con tus manos, tus pies, incluso con tus labios.

Empecemos con tus dedos. Dale vuelta a la página.

1

Quién soy

Tomaste la decisión correcta.

Al tomar el riesgo de estar acá, de estar conmigo en esta página, has dado el primer paso hacia una mayor confianza. Te encontrarás con que la información contenida en este libro es directa, fácil de entender y efectiva. Sí, este rollo en verdad funciona. De hecho, si solamente lees el tercer capítulo y tan solo absorbes ese mensaje, si apenas te concentras en el reto del que allí se habla y su conclusión, sé que no solo vas a disfrutar de los resultados, sino que aumentarás tu confianza. Bienvenido a *Sé valiente: el curso completo para desarrollar confianza en ti mismo.*

Bueno, aquí estoy. He dado vuelta a la página. Ahora, ¿por qué voy a tener más confianza?

Sé valiente: el curso completo para desarrollar confianza en ti mismo, anclado en experiencias prácticas de vida, te servirá porque *podemos* transformarnos. La verdad es que tú y yo, cada día, definimos quiénes somos por medio de las decisiones que tomamos y, por lo tanto, elegimos lo que queremos ser. Yo me construyo. Y tú también. Tú y yo no somos lo que comemos, somos lo que *pensamos.* La confianza, por definición, es una actitud, y tu actitud frente a las personas y las situaciones, tal como la mía, está sujeta a cambio. Aquí vas a aprender cómo cambiar un conjunto de percepciones por otro. El mundo seguirá siendo el mismo, pero la manera en que lo *verás* será distinta.

¿Cuándo empezamos?

Ahora mismo. Esto es lo que necesitas saber sobre *Sé valiente: el curso completo para desarrollar confianza en ti mismo* para sacar el mayor provecho de él: el curso es un cuaderno de trabajo personal. Está tomado de los materiales que considero más prácticos y útiles de los libros que he escrito, las charlas que he dado por Estados Unidos y, por supuesto, de las clases de *Sé valiente: el curso completo para desarrollar confianza en ti mismo* que he impartido como miembro de la facultad del New School for Social Research en la ciudad de Nueva York.

Verás que, a medida que profundizas en el curso, tu confianza crecerá. Así que lee e intenta todo. Marca y dobla las páginas. Entre más arrugas tengan los bordes, más valor tendrá este libro. Escribe en los márgenes, subraya párrafos y puntos. Es tu vida la que hará que este libro cobre vida. Sin ti, estas serán solo palabras en un papel. En realidad, serás tú quien la dé vida a este libro. Puede que yo sea el guía, pero la aventura es tuya.

Ahora, he aquí algunos detalles sobre *Sé valiente: el curso completo para desarrollar confianza en ti mismo* que puedes hallar útiles: el libro explora preguntas que, con frecuencia, nos hacen dudar sobre la competencia, los errores, el coraje, el fracaso, las pérdidas y la tragedia, la toma de riesgos, las relaciones personales, los motivos nobles y el amor. Contiene, entre otras cosas, consejos prácticos sobre cómo estructurar una conversación, cómo contar una historia de forma dramática, cómo hacer una introducción inolvidable...

Pero este no es un libro sobre hablar en público, es un libro sobre confianza personal. Sin embargo, debemos reconocer que los nervios que se sienten cuando se nos pide hablar en público son, como lo indican muchas encuestas en los Estados Unidos, el miedo número uno entre una gran mayoría de adultos. *Sé valiente: el curso completo para desarrollar confianza en ti mismo* ofrece entonces una forma de dominar esta dolorosa ansiedad, y de usar tu cuerpo, tu voz y el mismo escenario para tener "presencia".

Entonces, ¿cómo es que hablar en público se relaciona con la confianza personal?

La gente del común siente terror cuando se le pide que hable frente a una audiencia. Pero, más que ser meramente reconocido, un miedo tan discutido y tan obvio debe ser bienvenido en un curso sobre confianza. Tenemos mucho que aprender de esta ansiedad tan particular, aun si nunca hablamos frente a un podio. Pues, cuando piensas en ello, ¿acaso no hablamos en público la mayoría del tiempo? De misma manera en que todos somos vendedores, cada uno de nosotros es rutinariamente un orador público. Las dos cosas están relacionadas. Nos vendemos alguna cosa a nosotros mismos cada vez que decidimos si debemos o no debemos hacer algo. Es más, ¿te has dado cuenta de lo inmensamente persuasivo que eres contigo mismo, particularmente cuando se trata de cosas que no puedes hacer? Esto tiene mucho que ver con comunicarse.

Como dijo Henry Ford: *ya sea que digas que puedes o que no puedes, estás en lo cierto*. Regularmente te comunicas contigo mismo y, casi en cada contacto con cada ser humano, eres un receptor o un emisor. En otras palabras, casi siempre te estás comunicando. ¿Te gustaría ser mejor en ello?

Puedes serlo. Yo también.

El poder de las palabras no está ciertamente limitado al podio o al escenario. Incluso los más populares oradores o entretenedores del mundo solo pasan una pequeña fracción de su vida frente a una audiencia. Cada uno de nosotros observa —y es observado— cada día. Necesitamos de otras personas y estamos afectados por ellas, se trate del cajero en el contador, de nuestro jefe, de un cliente, un cirujano, un amante, un profesor, un amigo... la lista es interminable.

Para ayudar a entender y enfrentar nuestros desafíos de cada día, *Sé valiente: el curso completo para desarrollar confianza en ti mismo* es una guía para alcanzar tu nivel óptimo, que implica aprender a dar una charla y desempeñarte de manera más efectiva en frente de otros. Más aún, te proyecta un mapa de esto, enseñándote a comunicarte mejor y con más confianza en situaciones de la vida diaria, ya sea que lo que busques sea sentirte mejor contigo mismo o concluir un negocio o una relación. Se trata de lidiar con el miedo y la dicha en la vida real, con la tristeza y la decepción. Y se trata del triunfo. Finalmente, lo que cada uno de mis estudiantes aprende es que hablar frente a una audiencia se trata de dar nuestro mejor y más ensayado esfuerzo. Una vez felicité al actor Gregory Peck por la brillantez de un comentario extraordinario que había hecho. Él, muy amablemente, respondió: "Mis mejores declaraciones extemporáneas son las que he ensayado más".

Ten en mente que tu meta en *Sé valiente: el curso completo para desarrollar confianza en ti mismo* es aprender a escalar la montaña de tu escogencia y a disfrutar de la cuesta también.

Te será útil leer sobre las experiencias de personas exitosas —algunas famosas, otras no— que aparecen a través del libro. También hallarás "Historias de un minuto", que son ejemplos para ayudarte a mejorar tu propia manera de narrar una historia, pero que también suelen ser inspiradoras. Y finalmente, a través de *Sé valiente: el curso completo para desarrollar confianza en ti mismo*, tendrás la oportunidad de leer respuestas a preguntas que he recibido de estudiantes, como esta:

Si, como has dicho, puedo crear la persona que quiero ser, ¿cómo empiezo?

Di: "Soy responsable" y acepta la responsabilidad personal de tu propia vida. Este es el primer paso —y el más importante— de los siete pasos hacia la autorrealización.

EL PRIMER PASO HACIA LA AUTORREALIZACIÓN

1. Saber quién es el responsable

Acepta la responsabilidad personal por tu comportamiento. Cuando dices: "Yo soy el responsable", puedes construir una nueva vida, incluso un nuevo mundo.

Teólogos y filósofos han observado y predicado durante siglos que el destino no es algo que te ocurre, no es algo por lo que esperas: el destino es una escogencia, *tu* escogencia. Tú escoges la vida que llevas. Cada uno de nosotros tiene la capacidad de hacer que la felicidad se dé.

¡Pero mis circunstancias son terribles!

Mira, yo puedo tomar tu mano, prestarte mi hombro para llorar, apiadarme de ti, decirte que sé que la vida no es fácil, que te han jugado una mala pasada, que te han traicionado cosas que están fuera de tu control, que el mal que te ha caído encima no es tu culpa. Puedo decirte con convicción que entiendo y simpatizo con el hecho de que no podemos prevenir todas las decepciones, pérdidas y tragedias que ocurren en nuestras vidas, y que sé muy bien que no nacemos con habilidades iguales. Estamos de acuerdo, la vida puede ser muy dura.

Así que, ¿dónde nos deja eso? Justo donde empezamos, en el primero de los pasos hacia la autorrealización: Saber quién es el responsable. *Yo soy el responsable.* Aunque no tenga la capacidad de prevenir que lo peor pase, soy responsable por mi actitud hacia los inevitables infortunios que opacan la vida. Las cosas malas suceden;

la manera en que reacciono frente a ellas define mi carácter y la calidad de mi vida.

Puedo tomar la decisión de quedarme sentado en perpetua tristeza, inmovilizado por la gravedad de mi pérdida, o puedo tomar le decisión de levantarme de mi pena y atesorar el más precioso de los regalos que he recibido: la vida misma.

Tú y yo somos seres humanos infinitamente capaces de cambio. Tú puedes llevar una vida más llena, más rica. Cuando —de una vez por todas y sin excusas— aceptes la responsabilidad de tu propia vida, no solo adquirirás un gran poder para asumir metas positivas y tener más confianza, también podrás disminuir el dolor que inevitablemente trae una herida emocional.

No obstante, para asumir una absoluta responsabilidad, debemos entender quiénes somos *en realidad*. Alguna vez te has preguntado: "¿Quién soy yo?".

Hay tres factores que determinan quién eres: la herencia, el ambiente y, en especial, tu respuesta a estos dos.

Tú eres el único tú que alguna vez existirá. Frente a un espejo o frente a un micrófono, eres quien eres, y aceptar esta simple verdad puede ser a la vez el desafío más duro y gratificante de tu vida.

Nunca ha habido nadie como tú ni como yo.

Una vez le pedí a mi amigo el Dr. Carl Sagan, el distinguido científico y académico, que calculara las posibilidades del nacimiento de un individuo en particular:

"Algo que debe tenerse en cuenta", me dijo, "es cuántos espermatozoides hay en una sola eyaculación. Digamos que son trescientos millones. Eso implicaría trescientos millones de *posibles* seres humanos. Luego vendrían preguntas sobre la fisiología de cada padre y la distribución de estas. Los trescientos millones de espermatozoides representan solo un acto sexual en un momento particular".

La aritmética nos ayuda a comprender lo especiales que somos. ¡Imagina más de trescientas millones de posibilidades de ser tú! Piensa en que tu madre tuvo trescientas millones de posibilidades de haber sido quién precisamente fue y lo mismo tu padre. Podría decirse que las posibilidades en contra de tu nacimiento eran de 300.000.000 multiplicadas por 300.000.000 multiplicadas por 300.000.000 multiplicadas por cualquiera que haya sido la posibilidad de que tus padres, en primer lugar, se conocieran, y luego te crearan en el momento en que lo hicieron. En realidad, eres algo increíble, amigo mío; el ganador, el día en que naciste, de todas las billones de posibilidades. ¡Eres *único*!

Ahora, llevemos esto un paso más allá: ¿Son nuestros genes (o nuestros cromosomas o algún factor químico) lo que determina quién somos? Solo en parte. Con la herencia, nuestra unicidad apenas comienza. La herencia —todas esas combinaciones que le ordenan a nuestras células producir ojos azules o cafés, cabello rizado o liso, y que algunas veces nos predisponen a y otras nos inmunizan contra ciertos alimentos o enfermedades— es como el auto que manejamos.

El estado de la carretera y el clima son el ambiente. Puede que el auto sea capaz de ir a cien millas por hora en un día luminoso y soleado, en una autopista recién asfaltada; pero cambia el ambiente a una carretera lodosa y destapada en una noche donde hay un huracán, y el vehículo no podrá moverse.

La herencia determina qué tan alto podemos saltar bajo condiciones óptimas. Determina qué tanta información podemos absorber y retener, qué tan altos podemos ser, qué tan rápido podemos correr. La herencia es nuestro potencial, pero el ambiente es nuestra oportunidad. Si eras genéticamente apto para ser el más grande nadador de larga distancia que jamás haya existido pero, desafortunadamente, naciste hace dos siglos en una familia esquimal en el extremo norte, es casi seguro que nunca alcanzaste tu potencial como nadador. Carecerías tanto de la oportunidad como del ambiente.

Si la herencia es el auto y el ambiente el estado de la carretera, entonces tú eres el conductor. Eres tú, más que cualquier otro factor, quien decide la velocidad y la seguridad de tu vehículo.

La persona que eres viene del potencial que has heredado, las oportunidades que recibes y las decisiones que tomas. El factor final —tu respuesta a la herencia y el ambiente— es, en esencia, más importante para ti que la aritmética de 300.000.000 multiplicado por 3.000.000.000 multiplicado por 3.000.000.000. Son tus decisiones las que te hacen único.

Nuestra herencia nos es entregada sin ninguna disculpa, y nuestro ambiente suele estar fuera de nuestro control. Sin embargo, tenemos el poder de enfrentar la vida, de tomar decisiones y, aún más importante, de tener esperanza. Un derrame cerebral puede hacer que una mujer quede impedida, pero es la esperanza —la verdadera esperanza— lo que la lleva a estirarse, a mover sus músculos, a aprender a hablar de nuevo.

La verdadera esperanza reside en lo posible, incluso cuando la vida parece ser una trama escrita por alguien que quiere ver cuánta adversidad somos capaces de sobrellevar.

La verdadera esperanza responde al mundo real, a la vida real; es un esfuerzo activo.

Por otro lado, la falsa esperanza es peligrosa; es patológica. La falsa esperanza es el paciente de cáncer negando su enfermedad; la verdadera esperanza reconoce la enfermedad y busca dominarla o lidiar con ella.

La verdadera esperanza nos recuerda que cada uno de nosotros es el conductor de su propio auto y que no somos impotentes al volante.

Puedo hablar con convicción, porque siento esto muy profundamente. Como dije, crecí en el sur de Mount Vernon, Nueva York. Recuerdo una noche en que mi madre me pidió que caminara hasta la cabina telefónica, al otro lado de la calle de nuestra vecindad, para hacer una llamada a mi hermano mayor. Yo tenía catorce años. En ese momento, no teníamos un teléfono en casa.

No recuerdo el mensaje ni nuestra discusión, pero recuerdo claramente el incidente porque, cuando colgué la bocina, advertí sangre en mi mano. Toqué mi rostro con la otra mano y hallé más sangre.

Yo no estaba sangrando, pero quien quiera que hubiera usado el teléfono antes de mí estaba herido, algo que no era inusual en el barrio en el que crecí. Al abrir las puertas plegadizas de vidrio, miré a ambos lados. Atravesé la calle corriendo, subí las escaleras con afán hasta nuestro humilde piso, abrí la puerta lleno de nervios, entré y fui directamente hacia el lavaplatos y me lavé la sangre de la cara antes de que mi madre pudiera verla.

Como una hora más tarde, estaba sentado solo, en la escalera de entrada, pensando en la misteriosa persona cuya sangre me había manchado la cara.

Entonces me enfurecí.

Me voy de aquí, me prometí a mí mismo. Y por primera en mi vida, según recuerdo, lo decía en serio.

Hay una historia bien conocida en el lejano oriente sobre el abuelo chino que cada día de su vida se levantaba temprano, subía hasta la cima de una colina cercana que tapaba la luz de la mañana, recogía una pequeña piedra, bajaba de la colina y dejaba la piedrita del otro lado de una corriente cerca de su casa. Su hijo y su nieto lo acompañaban en esta tarea. "¿Por qué hacemos esto?", preguntó el nieto un día, finalmente. "Mientras que sigas haciendo esto y le enseñes a tus hijos y a tus nietos a transportar una piedrita", prometió el abuelo, "vamos a mover esta montaña". El niño insistió: "Pero, abuelo, nunca verás la colina desplazada".

El viejo asintió y replicó: "Sí, pero sé que algún día será movida".

DESAFÍO NÚMERO 1:
LA VERDADERA ESPERANZA

El espíritu de *Sé valiente: el curso completo para desarrollar confianza en ti mismo* es la verdadera esperanza: la certeza de que ni tú ni yo somos un caso perdido; que, cuando te lo propones, puedes mover una colina —o una montaña— de dudas. Tener más confianza, como vivir con verdadera esperanza, es un esfuerzo consciente y *activo*.

Así que, durante los próximos siete días, presta atención a todos los ejemplos de verdadera esperanza *versus* falsa esperanza que veas, tanto los pequeños como los grandes incidentes. Te sorprenderá ver el gran número de instancias que notarás.

Lleva una lista. Al final de la semana, analiza los ejemplos que has reunido.

En tu análisis incluye estas preguntas:

- ¿Responden los demás de la misma manera a una persona que vive con esperanza verdadera a una que vive con falsa?

- En cada caso de verdadera o falsa esperanza, ¿en qué parece estar enfocándose la persona en cuestión?

No olvides guardar la lista. Analizaremos esos resultados más adelante.

2

Nunca digas "intentar"

Entre todas las creaturas del mundo, solo los seres humanos pueden explorar la pregunta "¿por qué?". Aunque los animales usan señales, son incapaces de emplear palabras para refinar sus mensajes. Por ejemplo, el aullido de un oso cachorro hará venir a su madre; una abeja hace una danza de alerta con su cola y la colmena responde. Sin embargo, ni los osos ni las colmenas pueden comunicar lo que les preocupa. Solo cuando la madre oso llega a la escena, le es posible descubrir lo que ha asustado a su cría: ¿acaso se trata de una espina de puercoespín clavada en su pata? ¿Ha quedado atrapado en una trampa de hierro? ¿Quizá alguna extraña creatura, con olor a humano, lo está amenazando? De una manera similar, las abejas salen de su colmena listas para atacar sin pensarlo, listas a dar su vida, ni siquiera por un líder, por una sola abeja en peligro. Pero, al igual que mamá oso, hasta no llegar, las abejas no sabrán el carácter o el tamaño del problema.

Tú, en cambio, puedes hacer una llamada al otro lado del planeta, describir una emergencia médica y recibir orientación instantánea y útil por parte doctores a miles de millas de distancia. Puedes ordenar una lámpara de un catálogo y nunca ver a la persona que la fabricó o a la persona que te la envió. Puedes describir detalladamente una preocupación a la policía o a los bomberos antes incluso de que lleguen a tu hogar. Si escuchas a un niño gritar, inmediatamente tu corazón empieza a latir más rápido y crece la adrenalina. Si al grito le sigue algo como "mi muñeco se cayó detrás del sofá", te sientes tranquilo y quizá hasta sonrías.

Tu habilidad de adquirir y de hacer uso de un vocabulario en expansión es un don biológico y social invisible, enriquecido a través de los siglos, desde los albores de la humanidad. Los primeros habitantes de las cavernas necesitaban tanto de palabras en su tiempo como las necesitas hoy en día tú, pues, en comparación con otras creaturas vivientes, nuestros ancestros, en muchos sentidos, estaban mal equipados para sobrevivir. Sus pieles frágiles podían romperse muy fácilmente, exponiendo sus órganos internos a ser heridos. A diferencia de las lagartijas o los peces, nuestros distantes parientes necesitaban vestirse para mantenerse calientes. Con una baja de unos pocos grados en su temperatura corporal, ellos, como tú, podían caer enfermos y quizá morir. Una hormiga común tenía una mejor armadura; las aves, una mejor vista; los roedores, un oído superior. Las garras y pezuñas de los seres humanos, en comparación con aquellas de otros habitantes del planeta, eran delicadas y débiles, apenas si servían para cavar un hueco en la tierra, escalar laderas empinadas o desalentar depredadores.

Con este equipamiento tan aparentemente patético, ¿cómo es posible que sobrevivieran los seres humanos?

Tenían palabras.

Como nosotros, podían hablarse unos a otros. Podían organizar búsquedas de comida y refugio, y planear sistemas de defensa. Podían describir cosas. Las palabras hacían posible trasmitir conocimiento a otros y a futuras generaciones, mejorar y expandir invenciones y herramientas, comunicar un rango de emociones, incluyendo amor y odio. Benjamin Lee Whorf, un pionero en el estudio de la lingüística, una vez señaló que nuestra habilidad humana de aprender lenguajes nos permite a cada uno, primero, comunicarnos con alguien más; segundo, pensar, lo cual implica comunicarnos con nosotros mismos; y, tercero, adquirir las actitudes que moldean nuestra perspectiva de vida.

Para ganar una mayor confianza, es importante entender esta increíble habilidad nuestra de aprender palabras, pues *la confianza es una actitud*. Y como lo observó Whorf, *adquirimos* nuestras actitudes.

¿Quieres decir que cambiando mis palabras puedo cambiar mi actitud?

Sí, ese es un buen lugar para dar inicio al crecimiento personal. Eres lo que *piensas*; y tú, como yo, piensas por medio del lenguaje. Por ejemplo, piensas: "No puedo hablar en frente de la clase". Dicho así, el "no" es una declaración monstruosa: *No puedo*.

Sí, ¿pero si en realidad no puedo?

Existe la posibilidad de que estés diciendo —pensando— algo que simplemente no es preciso. Analicemos una vez más tus palabras: "No puedo hablar en frente de la clase".

La sentencia es firme y definitiva, ¿no es así? Lo dices en serio, eso es seguro. Algunos de tus compañeros incluso argumentarían que tu afirmación es completamente honesta y que yo debería aceptar tu juicio. Pues bien, respeto tu elección, pues es lo que has decidido. Sin embargo, lo que deberías tener en cuenta es que tu afirmación es precisa solo en el poder que tiene hacia la autorrealización. Estoy de acuerdo en que, mientras digas con tal convicción que no puedes hablar en público, no podrás hacerlo; y nadie, mucho menos yo, te va a obligar. No puedes.

No obstante, imagina si en cambio dijeras: "No me ha sido posible hablar en frente de la clase".

Ahora, sobre eso no hay discusión. Estoy totalmente de acuerdo. Es un pensamiento preciso. Y más importante aún, no le cierra la puerta a tus futuras elecciones. De hecho, amplía tu visión, ¿no es así? Respeta tu habilidad de dominar —si no hoy, mañana— lo que sea que debes aprender para poder hablar frente a la clase. Esta afirmación no implica, como sí lo hace la primera, que consideres que *nunca* estarás listo para hablarle a la clase; algo que, honestamente, solo es cierto si tú lo permites.

Un día, cuando era un joven marino en el Campamento Lejeune en Carolina del Norte, mis manos fueron aplastadas en un accidente. Los médicos tuvieron que esperar algunos días para que se redujera la hinchazón, antes de que pudieran saber si podía mover o sentir mis manos. El sargento de mi pelotón me acompañó en la prueba.

"Intenta mover el primer dedo de tu mano derecha", me indicó el doctor.

Traté de hacer lo que me indicó, pero nada pasó.

"No puedo", le dije, y me dijo que lo intentaríamos de nuevo al día siguiente.

"Espera un minuto", interrumpió el sargento. "¡Mueve el primer dedo de tu mano derecha ahora!".

Me costó mucho trabajo, pero el dedo se movió.

A través de los años, he pensado en esa experiencia ocasionalmente cada vez que me oigo decir o que oigo a alguien decir que promete *intentar* algo para alcanzar un objetivo. Esta palabra debería llevar una etiqueta de advertencia:

ADVERTENCIA:

Las autoridades advierten que "intentar" es una expresión peligrosa, con un enorme poder de influencia en su comportamiento. Es tóxica. Utilízala con cuidado. Cuando "intentar" se cuele en tu lenguaje o en tus pensamientos, sácala rápidamente.

Después de todo este tiempo, yo mismo sigo luchando contra la plaga del "intentar". Algunas veces quiero intentarlo, cuando en realidad debo *hacerlo*.

DESAFÍO NÚMERO 2: NO INTENTAR

Para sentir el inmenso poder de la palabra "intentar", úsala conscientemente en los próximos días para dirigirte a otros cuando te sea posible:

"Intenta alcanzarme ese lápiz".

"Intenta darme ese cheque".

"Intenta llenarme el tanque de gasolina".

"Intenta ponerte de pie".

"Intenta sentarte".

"Intenta besarme".

"Intenta pasarme ese libro".

"Intenta apagar el televisor".

Las posibilidades son infinitas e instructivas. Espera un rango de respuestas, desde indiferencia, pasando por confusión y hasta molestia. Sin embargo, alístate para dar una pronta explicación —muy pronta—, argumentando que tu uso de la palabra "intenta" es parte de un curso que estás tomando.

Luego de llevar a cabo este ejercicio, puede que te des cuenta de que ya no usas ni tampoco

---

piensas en esta palabra en particular con tanta frecuencia. Al menos, esto puede ayudarte a tener más consciencia de los peligros de intentar.

Como segunda parte de esta tarea, durante los próximos siete días, escucha cuidadosamente el lenguaje de otros y, cuando oigas una expresión que limite las opciones de alguna persona, tal como ocurre con el "no puedo", toma nota. Cuando estés solo, revisa la lista y hazte las siguientes preguntas:

¿He utilizado las mismas expresiones bajo las mismas circunstancias?

De una manera precisa, ¿cómo es que estas palabras particulares limitan mis opciones?

¿Cómo hubiesen podido modificar o trasmitir sus pensamientos las personas involucradas para ser más precisas y a la vez darse más opciones?

3

Cómo
preocuparse bien

En 1950, en el Instituto de Investigaciones del Ejército Walter Reed, un clásico experimento de laboratorio de investigación del comportamiento fue llevado a cabo usando ocho *Macacos Rhesus.* Fueron divididos en parejas. Cada pareja recibía choques eléctricos periódicos, pero a un mono de cada pareja le era posible evitar ser electrocutado jalando una palanca cuando brillaba una luz. Al otro mono no le era posible protegerse. Los choques continuaron regularmente durante algunas semanas. Cuatro de los ochos monos desarrollaron lesiones y úlceras terribles, y murieron. Los otros no mostraron ningún síntoma similar. ¿Cuáles fueron los que enfermaron? La sorpresa puede sorprenderte. Fueron los cuatro monos que podían prevenir los choques los que sufrieron úlceras y murieron.

En una etapa temprana de su vida, muchos estadounidenses adquieren una enfermedad contagiosa y paralizante de inestimable dolor, una enfermedad tan severa que literalmente hace que muchos se quiten la vida en lugar de buscar una cura. Esta enfermedad se llama preocupación. Y afecta a todo el mundo.

¿De qué manera te ha afectado a ti?

A mí me ha hecho miserable. Muy pocas cosas en mi vida han sido tan dañinas y dolorosas como el preocuparme por lo que pueda pasar. Cuando era un adulto joven, pensaba que las personas que admiraba no se preocupaban tanto como yo. Así que, como era lo suficientemente tonto pensar que las personas fuertes y exitosas no se preocupaban, pretendía no hacerlo. *Actuaba* como un despreocupado. Todo me daba igual. Estaba convencido de que preocuparse era algo negativo, exclusivo de los perdedores y un signo inequívoco de fracaso. ¡Puedo llegar a ser terco como una mula! No hubo un solo momento de iluminación, ninguna epifanía, ningún punto de giro. En cambio, me tomó muchos años y experiencias, incomodidades innecesarias y tormentos antes de entender lo equivocado que estaba.

Gracias a mi trabajo como editor y autor, he tenido la maravillosa oportunidad de llegar a conocer muchas personas exitosas, las mismas que pensé que no se preocupaban como yo. Cientos de veces me hallado mirándolos a los ojos y haciéndoles la pregunta que más preocupación me ha causado, la pregunta que me ha atormentado desde que era un adolescente: "Cuándo es de noche y estás solo, alguna vez te has preguntado: '¿Qué voy a hacer cuando se den cuenta de que yo soy yo?'".

Pero he aquí la cosa: con esa pregunta, nunca he fracasado al hacer un amigo. Y nunca he fallado al buscar aprobación. Es como si supiera quiénes eran ellos. Lo entendí. Y por haber entendido, podían confiar en mí. He visto cómo esta pregunta hace venir abajo la tranquila, disciplinada y ensayada compostura de algunos de los líderes más prominentes del planeta, incluyendo ejecutivos encargados de multinacionales, respetados clérigos, científicos, educadores, personalidades de la farándula, escritores, artistas y atletas.

Descubrí que son como todos nosotros. ¡Eran como yo! Entonces, ¿qué era lo que tanto temía —y aún temo— que otros puedan descubrir?

LOS TEMORES DE TODOS

Tengo miedo de ser inferior.

Tengo miedo de ser vulnerable.

Tengo miedo de merecer el rechazo.

¿Qué hay de ti? Cuando es de noche y estás solo en tus momentos más difíciles, ¿te preocupa que alguien se dé cuenta que no eres lo suficientemente bueno, que puedes ser herido, que quizá no perteneces? Si es así, sigue leyendo. Tus miedos, mis miedos, son compartidos por millones de gente cuerda. No estamos solos. Si hablamos con la verdad, nosotros somos la mayoría, nosotros somos los normales. De hecho, el miedo de por sí, una vez lo entiendas, puede ser algo bueno. Te puede salvar la vida.

No obstante, el miedo no es la ansiedad. La ansiedad es otra cosa y, para que nuestra confianza crezca, es necesario entender de forma clara la diferencia entre ambos.

El *miedo* es lo que mantuvo a nuestros ancestros vivos en un mundo hostil. No tenían tiempo de preguntarse o reflexionar. Tenían un minuto o dos para tomar una decisión de vida o muerte: "¿Debemos pelear o correr?". La adrenalina corría por sus venas, aportándoles velocidad, energía y fuerza. Sus venas y arterias se constreñían simultáneamente para detener un sangrado si estaban heridos. Sus pulsos se aceleraban, las defensas de sus cuerpos se hacían más agudas. Esta respuesta física hacia el peligro inminente era el miedo, el mismo miedo del que dependemos para salvar nuestras vidas.

Hoy en día, la mayoría de las cosas a las que llamamos "miedo" son algo distinto. Son *ansiedad,* una respuesta no al miedo sino al miedo *anticipado*. El hombre de las cavernas estaba naturalmente preocupado de ser el desayuno de alguna creatura. Lo que sentía era miedo *real.* Cuando nos preocupamos por algo que pueda pasar luego, cuando decimos: "¡Sé que fracasaré!", se trata de ansiedad. Cuando los frenos de nuestro auto dejan de funcionar mientras andamos por una montaña, lo que sentimos es miedo. Cuando te preocupas por lo que vas a decir en la reunión del próximo martes, eso es ansiedad; y la ansiedad es algo que te hace sufrir mucho más que el miedo.

El miedo generalmente acaba con el evento: el carro se detiene, el miedo ha terminado.

Por otro lado, la ansiedad puede ser infinita. ¿Por qué hago énfasis en la distinción?

Lo hago porque con frecuencia tu cuerpo no.

¿Alguna vez has notado la manera en que tu cuerpo reacciona cuando estás ansioso? Pulso acelerado, manos sudorosas, garganta seca, ¡como si estuvieras frente a frente con una creatura que quiere tragarte como desayuno! La ansiedad es algo tan frustrante: tanta energía y nada que hacer con ella. No puedes pelear o correr, pues no hay nada de qué huir ni nada con qué luchar. Te quedas sentado con un nudo en el estómago, anticipando el peligro.

De nuestras propias experiencias de vida, y también de estudios como el de los *Macacos Rhesus* en el Instituto Walter Reed, sabemos que la ansiedad puede producir síntomas que van desde una sutil incomodidad hasta incapacidad física y psicológica, o incluso la muerte. Por otro lado, sabemos que la ansiedad —como una fuente real de energía—, cuando es dirigida de manera adecuada, puede ayudarnos a vivir mejor.

Lo que no entendía cuando era joven era que la preocupación, ya fuera causada por miedo o por ansiedad, es una expresión de la energía nerviosa y, por lo tanto, es potencialmente útil, sana y buena. Los más grandes héroes, las personas más exitosas y triunfales, se preocupan. La diferencia es que hacen algo al respecto: se preocupan *bien*.

¿Puedo aprender a hacer eso?

Sí, y aprenderás más rápido si tienes en mente que es solo cuando nuestra imaginación se excede, cuando exageramos nuestros miedos, que el miedo no es sano: "Empiezo la escuela el martes; *nadie me va a querer*". "Gracias por la oportunidad; *sé que fracasaré*". He imaginado consecuencias terribles de mis preocupaciones de cada día (pues, en realidad, podrían ocurrir), pero ahora me sonrojo cuando las rememoro. No contento con entrar en la habitación de mi hijo cuando era niño para asegurarme de que estuviera respirando, algunas veces lo pellizcaba suavemente y le decía a mi esposa: "¡Cariño, Eric está despierto!".

Para mantener nuestra preocupación sana —en otras palabras, para preocuparnos bien—, debemos aprender a dirigir la energía que el miedo y la ansiedad producen hacia canales productivos. Eso puede lograrse en dos pasos:

DOS PASOS HACIA PREOCUPARSE BIEN

1. Entiende lo que temes

Con frecuencia, nuestros temores empiezan a desaparecer cuando los analizamos, pues es difícil seguir preocupándose al examinarlos y ponerlos en contexto: "No puedo dormir en la noche. Me aterroriza perder el examen final del miércoles en la mañana". Bueno, ¿pues qué es lo peor que podría pasar? Y quiero decir *lo peor*. También puedes preguntarte: "¿Por qué pienso que puedo perderlo? ¿Hay algo obvio que pueda hacer para pasar? ¿Es esta la primera vez que he tenido una preocupación de este tipo?".

2. Actúa

Nada sofoca la ansiedad más rápido que la acción. Una vez examinamos detalladamente nuestras preocupaciones, con frecuencia sabemos qué hacer: "¿Qué puedo hacer ahora para prepararme a futuro?". Suele tratarse de hacer un esfuerzo práctico, como estudiar para un examen en lugar de preocuparse por él.

DESAFÍO NÚMERO 3: CADA PEQUEÑA PREOCUPACIÓN

Lleva a cabo este experimento durante un mes.

Se trata de un ejercicio que ha hecho maravillas por mí y por casi todos mis estudiantes: lleva un diario y anota lo que te preocupa en el momento en que te preocupa. Cualquiera que sea tu preocupación, grande o pequeña, escríbela. Cada vez que tengas una —aunque parezca que solo han pasado unos segundos desde la última—, anótala. Si tienes la misma intranquilidad repetidamente, escríbela cada vez que te asalte.

No compartas los resultados con nadie. En cada otro aspecto de *Sé valiente: el curso completo para desarrollar confianza en ti mismo,* incluyendo. los primeros dos desafíos, te animaría, si lo encuentras útil, a discutir con otros lo que estás aprendiendo. Pero este ejercicio es la excepción; este debes llevarlo a cabo solo. Si luego de treinta días quieres hablar de él con amigos, está bien. Pero antes, no.

Por lo que pronto descubrirás, puede que te emociones tanto como otros que han hecho esta tarea en *Sé valiente: el curso completo para desarrollar confianza en ti mismo*; y como muchos de ellos, puede que también te resulte difícil resistirte a compartir hallazgos. Mantente firme. También puede que, como me pasó a mí, empieces a ver resultados pronto y, por lo tanto, te sientas tentado a dejar el ejercicio a medida que se dan las cosas. No lo hagas.

Haz todo el mes completo. Te aseguro que este ejercicio por sí solo, hecho con cuidado y en silencio, vale la pena.

4

Cómo empezar una conversación

Todo el mundo lucha por pertenecer. Como muchos otros seres vivos, no fuimos hechos para estar solos. ¿Recuerdas la simple amiba, el organismo unicelular que cada estudiante de bachillerato estudia? Al separarse de su grupo, lucha por reunirse de nuevo con los demás, tal como lo hacemos nosotros. No importa lo complejas que parezcan nuestras vidas, no importan el impulso que sintamos a veces de negar o descartar nuestra necesidad de otras personas, la verdad es que estar seguro en compañía de los demás —pertenecer— es importante para todo el mundo.

En las páginas que siguen vamos a analizar la naturaleza de algunas de nuestras relaciones personales: cómo aprendimos a dudar en nuestros primeros años, a ser cautelosos, algunas veces a comportarnos como niños cuando más necesitamos ser adultos; por qué y de qué manera nos aferramos a falsas nociones que paralizan nuestra capacidad de ganar confianza; y, más importante aún, cómo liberarnos de eso. En primer lugar, analizando la manera en que nos vemos a nosotros mismos y cómo otros nos ven. Luego veremos cómo alterar esas percepciones, las de ellos y las nuestras.

Los tres primeros capítulos contienen los materiales básicos que necesitamos para construir la arquitectura de una persona sana y con confianza; son los fundamentos que darán soporte al resto del curso. Sin embargo, permíteme hacer una advertencia: algunas veces te sentirás listo para seguir rápidamente con el siguiente desafío cuando una tarea asignada te haya conmovido. Si te emocionas mucho por un gran avance que has hecho en *Sé valiente: el curso completo para desarrollar confianza en ti mismo* —como le ha pasado a varios estudiantes— recuerda que te ha tomado años ser quien ahora eres. Por lo tanto, es sabio entender que te tomará tiempo implementar en ti los cambios que quieres hacer.

Si estuvieras sentado en una clase como un estudiante de *Sé valiente: el curso completo para desarrollar confianza en ti mismo,* las clases serían dictadas una vez por semana en el trascurso de siete semanas. Así que, por favor, ve despacio y no te adelantes. El desafío no se trata de qué tan rápido puedes completar el trabajo que asigno, sino qué tanto puedes sacar de él. No te atragantes con el curso; un mordisco a la vez es mejor. De igual manera, ahora que has empezado tu diario, indudablemente habrás hecho descubrimientos sobre ti y tus preocupaciones, y es posible que andes pregonando lo que has aprendido. Pero, de nuevo: resiste; no compartas tus hallazgos. Aún no. Todavía tenemos más camino por andar, como lo que viene a continuación.

La manera en que nos identificamos unos con otros ("Hola, mi nombre es Walter Anderson y soy editor") es con frecuencia un reconocimiento de nuestra membrecía a ciertos grupos: familia, nacionalidad, etc. Observa lo mucho que hay en esa simple declaración. ¿Con cuántos grupos podría ser identificado? ¿Acaso mi nombre elimina la posibilidad de pertenecer a algunos grupos a los que es bien posible que no pertenezca? ¿En qué grupos es más probable que me ubique mi aparente nacionalidad y ocupación? Llevemos este pensamiento un poco más allá: ¿Qué tanto puede suponerse de mí? ¿Qué crees que pienso sobre la democracia o, digamos, del capitalismo? Así estés bien o mal, ¿en qué grupos me ubican tus respuestas?

Todo esto se desprende de una pequeña declaración, ¡y ni siquiera has escuchado mi acento! De hecho, incluso antes de abrir nuestras bocas y permitir que nuestros lenguajes y acentos revelen nuestro trasfondo, nuestras vestimentas ya han reflejado los grupos a los que pertenecemos. Lo que elegimos vestir —o la manera en que llevamos el cabello— anuncia quiénes somos tan fuerte como un choque de platillos, pues la ropa y otros elementos de nuestra apariencia incitan y alientan expectativas.

Por ejemplo, si el Presidente de los Estados Unidos fuera a una conferencia económica vestido tan extravagante como una estrella de rock, ¿cómo sería percibido? Pero si, en cambio, un líder del *Harley Owners Group* llegara a una reunión de motociclistas vestido como el Presidente de Estados Unidos... pues, te haces una idea. Debes entender que lo que inferimos —el comportamiento que esperamos— de la apariencia de alguien puede ser enteramente equivocado. Las vestimentas no hacen a la persona; son, en el mejor de los casos, una pista (a veces una pista engañosa) que nos dice a dónde esta parece pertenecer.

DESAFÍO NÚMERO 4: APARIENCIA

¿Qué dice de ti tu ropa, tu forma de vestir y tu higiene personal?

¿Qué expectativas crees que genera eso en los demás?

¿Son expectativas que deseas?

La ropa, la forma de vestir y la higiene personal frecuentemente comunican con mayor elocuencia —y a veces más rápido— que el lenguaje. ¿Qué mensaje transmite tu apariencia?

Hoy en la noche, haz un inventario. Aunque más adelante vamos a discutir la apariencia, si determinas que un cambio es necesario y tienes los medios para hacerlo, actúa de inmediato.

La influencia grupal es lo suficientemente fuerte. Para que cualquiera de nosotros obtenga más confianza, resulta útil entender su poder. Para hacer énfasis en este punto, piensa en que muchas vidas se han perdido en guerras que los humanos han luchado en nombre de los ideales de los grupos a los que pertenecen. La ferviente necesidad de pertenecer —la necesidad de actuar como el grupo espera que lo hagamos— es un instinto poderoso. ¿Por qué sentimos estas cosas? ¿De dónde viene esta poderosa necesidad de pertenecer? ¿Es posible que la respuesta se encuentre bajo llave, escondida en nuestros recuerdos de niñez? Si es así, *¿cuál es la lección más importante que aprendemos cuando niños?* Veamos:

El primer grupo al que pertenecemos es esencialmente importante, y lo usual es no reconocerlo entonces. Con frecuencia, está compuesto por solo dos personas, y ha sido fuente de interminables leyendas y especulaciones: se trata de ti y de la persona que te cuida cuando infante.

Al principio no te es posible distinguirte del mundo a tu alrededor. Tu cuerpo y la cuna son indivisibles; el rostro sonriente y la respiración tibia que a veces ves y sientes no son tuyos, pero eso aún no lo sabes. Luego ocurren cambios. Te das cuenta de que, cuando mueves tu cabeza, la vista es, digamos, diferente. Tocar tu pie y tocar tu cara no es lo mismo, pero ambas cosas son muy distintas de tocar la mano de alguien más. Aprendes que, tú solo, no puedes hacer que aparezcan esa cara sonriente y esa respiración cálida. Necesitas comunicar tus deseos y, como cualquier padre puede dar fe, así lo haces. Ya no eres el único habitante de tu mundo. Has empezado a percibir, a sentir, la necesidad de los otros. El placer y la incomodidad son sensaciones que pueden depender de alguien más. La primera separación en nuestras vidas es nuestro descubrimiento de que tú y yo no somos lo mismo. Nuestra dependencia en los demás crece; nuestro sentido de vulnerabilidad crece igualmente, pues hemos aprendido que no podemos controlar todo lo que nos rodea.

La cualidad de las relaciones entre "tú" y "yo" le da color a las relaciones que siguen. Aprendemos las cosas sobre las que tenemos influencia; aprendemos en quién confiar y, tomando riesgos, nuestras personalidades se empiezan a desarrollar. Otras personas, respondiendo a estos esfuerzos, nos ayudan a medir nuestro progreso: ¿qué tan bueno soy? Para un adulto resulta obvio que confiar en otro ser humano puede ser un gran riesgo. Sin embargo, ¿cómo has llegado a este entendimiento? Como yo, has aprendido de tus propias experiencias, empezando por tu niñez. Nunca somos más vulnerables que cuando confiamos en algo; pero, paradójicamente, si no podemos confiar, tampoco podremos encontrar el amor ni la dicha.

¿Qué aprende un niño? Un niño aprende a confiar.

La confianza que *tenemos* a medida que *enfrentamos* riesgos en nuestra vida —qué tan fácil podemos separarnos de lo que es familiar para nosotros— es una medida de nuestra madurez. Sin embargo, los riesgos de nuestra niñez —la manera en que aprendemos a confiar en nosotros mismos y en los demás— siguen siendo riesgos que *enfrentaremos* durante toda nuestra vida:

LAS TRES PREGUNTAS DE TODO NIÑO

1. ¿Puedo ser yo mismo?

2. ¿Puedo decir lo que siento?

3. ¿Puedo ser amado?

Teniendo en cuenta que todos empezamos como llorones e indefensos bebés por entero dependientes de otras personas, no es sorprendente que, a través de nuestras vidas, compartamos un sentimiento de vulnerabilidad, un miedo a ser separados de —o rechazados por— aquellos de los que dependemos o de aquellos que creemos necesitar.

Durante años, sufrí momentos muy miserables por el miedo a ser humillado, por miedo a que personas que yo consideraba "mejores" que yo me rechazaran por no ser lo suficientemente bueno. *¿Qué voy a hacer cuando se den cuenta de que yo soy yo?* ¿Qué hay de ti? ¿Alguna vez te has alejado de una persona pensando que te gustaría mucho conocerla, pero no le dijiste nada por miedo a no dar la talla, por miedo a que quedara en evidencia tu mediocridad?

¿Pero, qué pasa en realidad cuando alguien se deja ver como es? ¿Cómo reaccionamos cuando una persona que hace poco conocemos nos expone sus ansiedades, nos cuenta sus miedos y lo que considera sus debilidades? Casi siempre nos sentimos cercanos a él. Queremos ayudarle. Queremos compartir nuestras ansiedades con él, incluirlo —al menos por el momento— en nuestro grupo. Cuando alguien desnuda para nosotros sus sueños y aspiraciones, sus miedos y errores, la revelación desafía nuestras propias percepciones de esa persona. Ese es el resultado que buscamos cuando le aconsejamos a alguien que pase más tiempo con un amigo: "¡Te agradará cuando lo conozcas!".

"Pero, si digo más de la cuenta", pensamos con miedo, "la otra persona sabrá lo estúpido que soy, lo poco que valgo". El vicepresidente descubrirá que no soy un vicepresidente, el científico descubrirá mi ignorancia en la ciencia, el psicólogo percibirá mis más privados pensamientos, la persona educada pronto advertirá mi falta de cultura en apenas unos minutos de conversación. O eso pensamos.

¿Alguien puede ser conocido tan rápidamente? Cuántos años, cuántas miles de horas de terapia intensa les ha tomado algunas veces a los psiquiatras "conocer" a sus pacientes, solo para estar equivocados después de todo eso. Cuando en realidad somos honestos con nosotros mismos, nos damos cuenta de que, en nuestros primeros encuentros con otro ser humano, solo dos cosas son claras: qué tan similar son nuestras actitudes y creencias a las de la otra persona y cómo las necesidades de esta se relacionan con la nuestra. Pero esa información, por interesante que sea, es poca cosa comparada con la verdad.

A lo que realmente respondemos cuando conocemos a alguien es al grado de interés que esa persona tiene en nosotros.

¿Acaso no nos sentimos halagados cuando alguien nos pregunta sobre nosotros o nos pide consejos?, ¿cuando alguien nos hace saber que nuestra opinión es importante?

El enfoque que debes tomar cuando te unes a pequeños grupos o cuando conoces gente nueva por primera vez no es concentrarte en lo que puedan aprender de ti sino en *lo que a ti te gustaría aprender de ellos*. Esto hace que la ansiedad funcione a tu favor. En otras palabras, te ayuda a preocuparte bien.

Me tomó muchos años reconocer que sentir nervios al reunirme con extraños era algo normal y saludable, que la ansiedad que yo experimentaba podía ser algo positivo y útil para pulir mis preguntas y enfatizar la sinceridad de mi interés.

Si invertimos los primeros dos minutos en hacer sentir a gusto a nuestro interlocutor, también lo estaremos nosotros.

Para comunicar tu sincero interés en otra persona luego de haberte presentado, quizá encuentres útil algunos métodos que he aprendido y practicado, y que han funcionado para mí:

SEIS MANERAS DE TENER UNA CONVERSACIÓN EXITOSA

1. Demuestra un verdadero interés

Haz más que escuchar. Asiente, sonríe o frunce el ceño cuando sea apropiado. No es solo el que habla quien debe demostrar su rol activo; una buena audiencia también responde. Me han dicho que, cuando escucho a alguien, parezco uno de esos perros de plástico que asienten. Una vez, durante una entrevista de trabajo, el ejecutivo que me estaba evaluando hablaba sin parar. En realidad, yo no dije más de cinco palabras. Luego vi su reporte, en el cual me describía como "inteligente". ¿Por qué? Porque lo escuché. Los buenos escuchas deben ser atesorados como gemas preciosas. Sé un escucha activo y entusiasta.

2. Utiliza las palabras mágicas: "¿Por qué?"

Haz preguntas abiertas. Esfuérzate por no hacer preguntas que puedan responderse con un simple "sí" o "no". Esas preguntas tienden a llevar a conversaciones aburridas, acortan las discusiones y pueden parecer más el interrogatorio de un prisionero que un diálogo amigable. "¿Por qué?" son dos palabras maravillosas con cualidades mágicas para sostener una conversación. Utilízalas con frecuencia y aprende a amar a sus amigos: "¿Quién?" "¿Qué?" "¿Dónde?" "¿Cómo?" Todas estas mejorarán tu conversación, ¡y de qué manera!

3. Menciona el nombre de la otra persona

Durante la conversación, utiliza con frecuencia el nombre de la otra persona. Cada uno de nosotros responde al sonido de su nombre. Si, con frecuencia, repites un nombre, probablemente no lo olvidarás; pero, en caso de que eso ocurra, discúlpate y pregunta por él de nuevo.

4. Cuando estés de acuerdo, exprésalo con vehemencia. Cuando no, hazlo con delicadeza

Si no puedes hacer más que objetar, hazlo sutilmente por medio de una respetuosa pregunta. Si eso no funciona, aligera tus palabras: "Temo que no pienso lo mismo, pero me interesa mucho saber cómo llegaste a esa conclusión".

Los absolutos ("Lo siento, ¡pero no estoy de acuerdo!") detienen en seco una conversación.

5. Deja hablar a la otra persona

No importa lo mucho que sepas de un tema, es probable que la otra persona esté más interesada en lo que él o ella quieren decir. Y recuerda que, si estás hablando, no estás aprendiendo. Ya sabes bien lo que *tú* sabes.

6. No corrijas ni cambies el tema

¿Te gusta ser corregido? ¿O, así las cosas, ser interrumpido? No hagas ninguna de las dos. También es grosero hacerle a alguien una pregunta, esperar la respuesta y luego responder trayendo a colación otro tema.

¿Pero qué hago si me encuentro con alguien que es tan grosero, malgeniado o provocador que una conversación sana simplemente no es posible?

Pide disculpas y vete. Tristemente, hay quienes quieren que otros sientan su dolor, para que les duela tanto como a ellos o más. Mi abuela alguna vez me dijo que, a donde fuera, evitara los resfriados y la gente enojada. Es un sabio consejo.

Este es un buen momento para revisar, desde el desafío número 1 del primer capítulo, los ejemplos que has venido observando de verdadera esperanza *versus* una falsa: ¿Cómo responden los demás a la gente que vive con verdadera esperanza y a la que vive con una falsa? En cada ejemplo, ¿en qué parecía estar enfocándose la persona involucrada?

Probablemente has descubierto lo que yo y muchos estudiantes de *Sé valiente: el curso completo para desarrollar confianza en ti mismo* hemos hallado: la esperanza verdadera es, de lejos, una mejor actitud que la falsa, pues tanto los individuos en cuestión como los demás se sienten mejor con ella y responden mejor a quienes así viven. Sospecho que, además, ya has notado que las personas que viven con esperanza verdadera tienden a enfocarse en soluciones, mientras que las otras no. Esto es algo significativo. La ansiedad y el miedo producen energía. El enfoque que le damos a esa energía afecta de manera notable la calidad de nuestras vidas.

Enfócate en la solución, no en el problema.

Cuando te enfrentas a un desafío inquietante, ya sea grande o pequeño, pregúntate: "¿Estoy insistiendo en el problema o enfocándome en la solución?". No malgastes la preocupación. Si vas a preocuparte, preocúpate *bien*. Dale a esa energía un buen uso; enfócala en una respuesta. No lo olvides: nada disminuye la ansiedad tan rápido como la acción.

DESAFÍO NÚMERO 5:
HAZ SENTIR A GUSTO A ALGUIEN MÁS

Para este siguiente ejercicio, ten en mente lo que acabas de leer sobre dónde enfocar tu energía y revisa de nuevo los siguientes puntos:

1. A lo que realmente respondemos cuando conocemos a alguien es al grado de interés que esa persona tiene en nosotros.

2. Si invertimos los primeros dos minutos en hacer sentir a gusto a nuestro interlocutor, también lo estaremos nosotros.

Estar atento a hacer *preguntas abiertas*, poner en práctica la *escucha activa* y hacer uso frecuente del *nombre de la otra persona* hará sentir cómodos a muchos. Haz esto con al menos seis personas diferentes. Ensaya las técnicas de los primeros cuatro desafíos. Tu único objetivo en este ejercicio es hacer sentir a alguien cómodo. Gánate un diez: aprovecha cada oportunidad que tengas en los próximos días. Y, por supuesto, toma nota de los resultados.

5

Lo que soy, lo que tengo, lo que parezco ser

Como ya he dicho antes, la confianza es una actitud; es decir, un sistema de creencias que nos predisponen a ver el mundo de una manera específica. Es un filtro a través del cual pasan nuestras experiencias de vida, un filtro que nosotros los seres humanos empezamos a formar en nuestros cerebros desde nuestras primeras emociones.

Consideremos el miedo. En gran medida, el miedo también es un filtro. De hecho, los únicos miedos con los que nacemos son el miedo a caer y el reflejo de sobresalto a ruidos fuertes. Luego aprendemos el resto, y muchos de esos miedos son útiles y necesarios para ayudarnos a sobrevivir en situaciones peligrosas. Por ejemplo, ciertamente es sabio respetar el fuego; por otro lado, no es sabio ser tan cauteloso que ni siquiera puedas mirar una comida caliente. Como lo señaló Mark Twain, un gato que salta sobre una estufa caliente no volverá a saltar sobre una estufa caliente, pero tampoco sobre una fría. Para expandirnos, para crecer en confianza, debemos hacer un salto que el gato de Mark Twain no haría.

Has tomado un paso en esa dirección, has hecho un acto de confianza al inscribirte en *Sé valiente: el curso completo para desarrollar confianza en ti mismo*. Quédate conmigo. Da otro paso, uno que empieza por reconocer una ley básica de aprendizaje:

Los organismos repiten reacciones que han traído satisfacción en el pasado, y estas respuestas persisten incluso cuando ya no traen consigo satisfacción.

Esto es cierto para un simple protozoario y es cierto para un complejo ser humano. Casi todo estudiante novato de psicología lee sobre cómo el psicólogo ruso Ivan Pavlov condicionó a sus perros a salivar con el sonido de su campana, incluso cuando ya no eran premiados con comida.

¿Qué hay de nosotros?

Es raro que alguno de nosotros no haya actuado de manera infantil, al menos una vez, al enfrentar un problema adulto, o no haya repetido, de alguna manera, un comportamiento inapropiado, pues eso fue aprendido en nuestros más tempranos días. Sé que algunas veces he pretendido que algo que realmente quería —pero por lo que temía arriesgarme— no era importante para mí. Apuesto a que tú también lo has hecho. Cuando negamos lo que en realidad queremos, nos parecemos tanto al niño pequeño que grita: "¡De todas maneras no quiero ese juguete!".

Inevitablemente, cuando intentamos evitar la toma de decisiones o intentamos escapar del riesgo en nuestras vidas, cuando limitamos nuestras oportunidades de crecimiento, nos sentimos más impotentes, más dependientes, más vulnerables; en otras palabras, más niños. Es evidente que la confianza viene de los hechos. Y, para saber qué estamos haciendo al considerar los desafíos cruciales de nuestras vidas —para juntar nuestro coraje—, debemos entender no solo qué sino *cómo* hemos aprendido.

De nuevo, *somos lo que pensamos.* El mundo en el que vivimos está moldeado por la manera en que lo vemos. Para una persona, lo que hay en frente no es más que un terreno baldío. Para otra, es un campo para arar. En la mayoría de los casos, no nacemos ni pesimistas ni optimistas. Algunos de nosotros aprenden a ver miedo, mientras que otros aprenden a ver oportunidades. Tú y yo podemos aprender, podemos aprender a ver con más claridad.

Para empezar, veamos qué tan profundamente están arraigadas en nuestras personalidades las viejas y familiares formas. ¿Recuerdas qué tanto de tu niñez tuvo que ver con aprender qué no hacer? *¡No toques eso! ¡No te comas aquello! ¡No camines por ahí! ¡Deja eso quieto!* Todo esto, mientras que el mensaje más importante no fue dicho: *Haz lo que te digo.* ¿Recuerdas? ¿De verdad, recuerdas? Cuando somos jóvenes, la independencia rara vez trae recompensas. Las reacciones rebeldes más bien suelen traer culpa o castigo.

¡Espera un minuto! Mis padres me amaban y solo querían lo que era mejor para mí, ¡solo querían mantenerme a salvo!

No tengo ninguna razón para dudar del amor y la preocupación de tus padres. Lo que quiero que consideres es que gran parte de las cosas que recordamos se iluminan con un halo de virtud: nuestros mayores eran más grandes, fuertes y sabios. Como dices, nos amaban. Una razón más para examinar lo que hemos aprendido.

Muy bien; pero, ¿por qué?

Para ganar confianza, debemos tener un panorama real de quiénes somos y a dónde pertenecemos. Por ejemplo, me gusta pensar que soy un padre bueno, capaz y amoroso. Sin embargo, a pesar de un amor sin límites y un conocimiento de las ciencias sociales, he cometido grandes errores como padre. Sin quererlo, le he trasmitido algunos de mis temores a mis hijos, como también lo ha hecho que mi esposa. Sin duda, ambos hemos protegido a nuestros hijos de demasiados riesgos y, con frecuencia, hemos enfatizado en el peligro por encima de la oportunidad, la vulnerabilidad sobre la fortaleza. ¿Por qué? Porque amamos mucho a nuestros hijos y nos preocupamos por su seguridad y su futuro. Algunas veces nuestra preocupación sobrepasa nuestro sentido común: somos padres. El punto no es castigar a tus padres por ser tan imperfectos como mi esposa y yo, sino hacerte las preguntas adecuadas que te lleven a aprender quién eres en realidad, para que puedas llegar con confianza a donde quieres.

Tengo una pregunta de ese estilo y me preocupa mucho. El año pasado, a mis 39 años, empecé una segunda carrera. Siento que me está yendo bien. No obstante, siento que, con frecuencia, me comparo con amigos a quienes les va mejor económicamente. ¿Cómo hago para dejar de lado estas comparaciones y enfocarme en mis habilidades?

Es normal que trates de medirte con respecto a los demás, incluso con tus amigos, para ver cómo te va. Pero, si te das cuenta, lo bien que le vaya a tus amigos es una medida de su desempeño, no del tuyo. Todo atleta exitoso aprende que la mejor manera de mejorar su desempeño es compitiendo contra un mejor jugador. Si, en cambio, tu autoestima depende solo de correr más rápido, vestirte mejor o ganar más que otro, te sentirás decepcionado. Siempre habrá alguien mejor que tú, ahora y en el futuro. Sin embargo, la competencia puede reforzar la confianza cuando el verdadero objetivo es mejorar y no solamente ganarle a alguien más.

¿Alguna vez has notado que las personas que se desempeñan bien, como los atletas, siempre están subiendo la barra un poco más? Se vuelven mejores cada vez porque siempre se están retando a *sí mismos*. Cuando tienes la perspectiva adecuada, puedes llegar a sentir una gran realización. Creo que ya estás en camino. Tu actitud es más sana y más estable de lo que quizá puedas entender, pues has entendido una profunda verdad:

La *única* razón para competir es que tú mismo mejores.

Solo por el acto de formular esta difícil pregunta, ya te has ubicado bien en el camino de cambiar tu enfoque.

Creo que hallarás lo que viene —un análisis de la adolescencia y luego de la adultez— particularmente útil.

Algún día, como un huevo que estalla desde adentro, la cáscara del niño se rompe. De repente, frente a nosotros se alza un ser humano repleto de indignación, un extraño malhumorado que, a la menor provocación, puede ser intolerante, rebelde, grosero, presumido e incluso mentiroso. A esta etapa de nuestra vida, le llamamos *adolescencia;* para nuestros padres, es como bailar el vals con un puercoespín.

Tan solo ayer, parece que nos dirigíamos a los adultos buscando aprobación y apoyo. Ahora, en nuestra adolescencia, con los pedazos de cáscara de nuestra niñez cayéndose, entramos en erupción. No sabemos si somos buenos o malos, poderosos o débiles; si somos hombres o niños, mujeres o niñas. Con mal genio y arrogancia, tratamos de esconder la incertidumbre que sentimos por dentro. Confundidos, deprimidos y, con frecuencia, *asustados*, es posible que actuemos de forma egoísta, desconfiada, impetuosa. Por una parte, la vida es un alegre descubrimiento, un despertar. Por el otro, nos desconcierta y nos molesta. Al acné puebla nuestra cara; el bello sale de lugares escondidos; nuestra voz se rompe; emergen sueños eróticos. Ansiamos la capacidad de entender, de controlar lo que nos está pasando.

Con urgencia preguntamos: "¿Quién soy yo?".

Esta pregunta, por supuesto, suele ir y volver a través de nuestras vidas, pero en ningún otro momento buscamos la respuesta con mayor fervor, y nunca se hace más difícil de alcanzar. *¿Quién soy yo?*

Los niños aprenden a saber cuándo confiar; *los adolescentes buscan identidad.*

Es durante nuestros años de adolescencia, cuando empezamos a luchar por descubrir quién y qué somos, que nuestras vidas parecen más caóticas. Nos involucramos en situaciones que no estamos preparados para manejar, andando a tientas, inevitablemente, entre un desastre y otro. Buscando control, con frecuencia estamos fuera de control. La vida está en los extremos. Somos niñas o mujeres, niños u hombres, buenos o malos, superiores o inferiores. No hay un tono gris. Estamos convencidos de que nadie puede entender lo que sentimos, mucho menos nuestros padres. Por lo tanto, tratamos de esconder nuestras terribles dudas. La incertidumbre está prohibida; hablamos con autoridad, falsa autoridad. Vivimos en un mundo de lo peor y lo mejor.

¿Recuerdas? ¿*De verdad* recuerdas?

Cuando somos adolescentes, nos sometemos al cambio rápido y radical. Con frecuencia, expresamos nuestras emociones confundidas renunciando en voz alta y de manera inequívoca a cualquier sugerencia que amenace con revelar lo que realmente podemos sentir, las dudas secretas que podamos tener sobre nosotros mismos. Estamos atrapados en una montaña rusa que va a toda velocidad, que se agita con fuerza a medida que intentamos bajarle la velocidad, darle un giro, dirigirla, entenderla.

Solos, nos preguntamos: "¿Qué me está pasando?".

Estamos creciendo.

Estamos aprendiendo a pensar en nosotros, estamos tomando riesgos. Instintivamente, nos alejamos de aquellos que nos son más cercanos, que nos han enseñado, que nos han cuidado, para aprender a sacar nuestras propias conclusiones. Experimentamos, obteniendo resultados que son posiblemente recompensantes, posiblemente cómicos, posiblemente trágicos.

Y es que la adolescencia no se detiene como un reloj al final de nuestros años adolescentes, como se cree comúnmente. Para muchos de nosotros, esta etapa de nuestra vida continúa a través de nuestros veintes y, para algunos, más allá. Todos hemos conocido adultos que intenta esconder lo que realmente temen tomando riesgos que son claramente arrebatados, irresponsables, autodestructivos; que asumen riesgos por todas las razones equivocadas; que llevan la contraria, posan y buscan adquirir más dinero codiciosamente, pero nunca parecen estar satisfechos; que dan muestras desmesuradas de amor, pero nunca parecen quererse a sí mismos; y que, así sus riesgos tengan éxito o fracasen, nunca parecen aprender de sus experiencias.

¿Infantil?

No, *adolescencia.*

Es por tal razón que este pasaje es importante. Con frecuencia, cuando se le dice a un adulto que está actuando como un niño, no lo está siendo en absoluto; está siendo adolescente. Debemos entender la diferencia.

Imagina tres grandes pasos: el primero es la niñez, el siguiente es la adolescencia y el más grande es la adultez. El primer paso, en realidad, es una serie de pequeños pasos. Crecemos desde nuestra primera célula; nos volvemos menos impedidos con cada día que pasa. Un recién nacido es considerablemente diferente de un terrible niño de dos años; un niño de tres años ciertamente no se parece a uno de nueve. Es fácil maravillarse con la manera en que nuestros cuerpos evolucionan. Pero, aun más impresionante, es lo que pasa, inadvertido, con nuestros cerebros. Los científicos sociales han descubierto que, en algún momento entre los dos y los cuatro años, aprendemos a distinguir lo bueno de lo malo; y luego, más o menos entre los ocho y los diez, empezamos a comprender el concepto de justicia.

La adolescencia, como la niñez, está hecha de pasos dentro de un gran paso, y esta tumultuosa etapa de nuestras vidas generalmente no termina a los diecinueve años o incluso en nuestros veintes, como ya lo dije antes.

Entiendo que sería torpe o imposible tratar de asignar fechas precisas a las etapas de la vida humana. Sin embargo, aproximadamente, hay tres fases o niveles para el periodo de veinte años que conocemos como adolescencia:

LAS TRES ETAPAS DE LA ADOLESCENCIA

Fase uno: desde los diez u once años hasta los dieciséis o dieciocho

Nuestra lucha por la identidad comienza en serio: nos preguntamos: "¿Quién soy yo?". Estamos ensimismados. Es nuestro tiempo de más volatilidad. El triángulo es clásico: nosotros, nuestros padres, nuestros amigos. Emocionalmente, nos tratamos de separar de nuestros padres mientras que, al mismo tiempo, somos atraídos irresistiblemente hacia nuestros compañeros en busca de aprobación. Aunque muchas veces gritamos inconformes, rara vez en nuestras vidas estamos tan conformes. Por un lado, rechazamos el mundo adulto; pero, por el otro, adoptamos formas de hablar, ropa y estilos tan parecidos a nuestros amigos, que un observador podría pensar que todos fuimos sacados del mismo molde de galletas. Vivimos para el presente, en el momento; fantaseamos con un futuro de gran éxito que nos represente un mínimo esfuerzo: "¡Voy a ser rico! ¡Voy a ser famoso!".

Fase dos: desde los dieciocho o diecinueve a los primeros veinte

El futuro se ha vuelto una preocupación. Estamos preocupados; ya no podemos ignorar el mundo adulto. Nos preguntamos: "¿Qué voy a hacer?" Debo hacer algo. ¿Pero qué? ¿Quién soy yo?". Nos ponemos a prueba, a menudo yéndonos de casa. Nuestros planes profesionales cambian, nuestras expectativas a veces disminuyen y nuestras decisiones empiezan a enfocarse más en hallar apoyo. Nos volvemos más confiados a medida que enfrentamos desafíos exitosamente por nuestra propia cuenta. Ya que los cambios dramáticos de la pubertad se han acabado, estamos más a gusto con nuestros cuerpos que antes.

Fase tres: desde mediados hasta finales de nuestros veintes

Ya tenemos una mejor idea de lo que nuestra vida va a ser. Estamos probando nuestras fuerzas y límites, pero aún un tanto ensimismados, no tenemos tanta confianza como aparentamos. Nos vemos como adultos. Quizá incluso estemos casados, tengamos hijos y parezca que somos muy exitosos, pero aún vendrán cambios sutiles y sustanciales al mundo adulto. A medida que luchamos, inevitablemente arrastrados hacia la adultez, nuestra inseguridad estalla y ponemos aprueba las relaciones en el hogar y el trabajo. De nuevo, nos preguntamos: "¿Quién soy yo?".

El rechazo nunca es más aterrorizante que en la adolescencia. Estoy seguro de que, cuando era adolescente, me habría sentido sorprendido, sino atónito, si alguien me hubiera dicho que un día —*hoy*— escribiría con convicción que la vulnerabilidad me haría más fuerte. Sin embargo, ahora sé que *la aprobación de otra persona es verdaderamente satisfactoria solo cuando me he arriesgado a ser rechazado por ser como realmente soy*. Cada vez que somos aceptados por otros, luego de dejar salir a flote lo que realmente sentimos, un ladrillo más ha sido firmemente ubicado en el edificio de nuestra personalidad. Solo tomando riesgos, exponiéndonos a la vergüenza, nos volvemos más fuertes, más rudos, y aprendemos a lidiar con el rechazo de una mejor manera. Irónicamente, a lo que más le tememos cuando somos adolescentes es al proceso mismo por medio del cual aprendemos a lidiar con el rechazo.

Al revelarnos, adquirimos la verdadera confianza que solo viene de ser aceptados como somos.

Pero, ¿quiénes somos?

Es verdad que necesitamos de los demás para explorar nuestras necesidades, pero, al final, cada uno de nosotros debe responder por sí solo al mismo interrogante: "¿Quién soy yo?".

Creo que podemos conocernos de tres maneras, y la forma en que respondamos a estas percepciones nos ayudará a definir nuestra personalidad.

TRES MANERAS DE CONOCERNOS

1. Lo que soy es quien soy cuando estoy solo —mi yo interior—, el complejo sistema de mis habilidades (tanto heredadas como aprendidas), mis escogencias, mis sentimientos, mis fantasías, mis deseos. Es mi esencia.

2. Lo que tengo son mis pertenencias, todo lo que poseo. Sin embargo, las ropas se rasgan. Las casas envejecen. Los autos se oxidan. Las fortunas ascienden y se vienen abajo. Creo que una anécdota que, alguna vez, me contó el premio Nobel Elie Wiesel ilustra muy bien la frágil naturaleza de lo que creemos tener:

   Tomando nota de las escasas pertenencias de un sabio y famoso rabino, y profundamente decepcionado por la sencilla manera en que el rabino vivía a pesar de su reconocimiento mundial, un turista le preguntó de forma grosera: "Señor, ¿es esto todo lo que tiene?".

   El rabino sonrió, señaló la valija del turista y le preguntó: "¿Es eso todo lo que tiene?".

   "Pues claro", replicó el turista, "pero solo voy de paso".

   El rabino asintió. "Yo igual", dijo.

3. Lo que parezco ser es la opinión que otros tienen de mí. No obstante, la manera en que nos ven los demás es más delicada —y con frecuencia menos sensible— que aferrarnos a nuestras pertenencias con demasiada fuer-

za. Por ejemplo, como editor, ¿cómo puedo ser descrito por el autor cuyo manuscrito he aceptado? ¿Y cómo por el autor cuyo manuscrito he rechazado? ¿Es un punto de vista más preciso que el otro? Como padre, ¿cómo me ven mis hijos cuando digo "sí" y cuando digo "no"?

Invariablemente, los adolescentes buscan hallarse tanto en sus posesiones (¡nótese su repentino interés en ropa!) y, con aún mayor intensidad, en la aprobación de sus pares. *Lo que soy, lo que tengo, lo que parezco ser*: estar dispuesto a tomar un riesgo por cualquiera de estas tres —lo que es más importante para nosotros— es un claro signo de madurez y una muestra de autoconfianza.

Bien, estoy de acuerdo. Me conozco solo cuando pongo en la balanza "lo que soy" junto con esas otras preocupaciones. Entiendo eso que has dicho sobre el hecho de que la confianza sea lo más importante que aprendí cuando niño y reconozco lo ensimismado que he sido como adolescente. Pero, ¿qué hace a un adulto?

Los niños aprenden a confiar; los adolescentes buscan identidad; *los adultos ven más allá de ellos*.

Imagina que estás frente a un espejo empañado por el vapor. Seca la humedad. ¿Te ves allí? Ahora imagina que limpiaste tan duro el espejo que el fondo de plata desapareció y el vidrio se convirtió en una ventana. *Podemos ver más allá de nuestro reflejo; cuando vemos y nos preocupamos más allá de nosotros, cuando vemos y aprendemos por los demás, solo entonces nos volvemos adultos.* Como un niño que aprende a confiar, empezamos a desempañar el espejo. Como un adolescente en busca de identidad, nos quedamos mirando el reflejo. Como un adulto, es el aceptar lo que somos, con manchas y todo, lo que nos ayuda a borrar el fondo de plata. El mundo es un lugar duro e impredecible. Solo cuando aprendemos a decir con convicción: "Me acepto como soy", estamos preparados adecuadamente para ver más allá de nosotros, para enfrentar el riesgo —y la pérdida— como adultos.

Ahora, puede que esto te sorprenda y te alivie: todas las personas más exitosas que he conocido estaban en una guerra interna con ellas mismas. Su agitación era al menos tan grande como la nuestra y algunas veces mayor. Lo que distinguía a estos líderes no era una paz interior, sino, en cambio, la manera en que habían aprendido a organizar sus vidas alrededor de una ambición noble y de enfocarse en ella: *Los niños aprenden a confiar, los adolescentes buscan identidad, los adultos ven más allá de ellos.*

Muchas personas me han dicho, a través de los años, que quieren ser felices. Sin embargo, sé que eso no es lo que quieren. Si yo digo algo gracioso y ellas se ríen, eso es felicidad. No es "felicidad" lo que buscan; buscan sentirse *realizadas.*

Creo que los desafíos que vale la pena asumir son aquellos que llevan a la vida más gratificante. Cuando nos comprometemos con ideales nobles, tenemos éxito antes de tener resultados. Esta es la base del segundo de los siete pasos hacia la autorrealización.

EL SEGUNDO PASO HACIA LA AUTORREALIZACIÓN

1. **Saber quién es el responsable**

   Acepta la responsabilidad personal por tu comportamiento.

   Cuando dices: "Yo soy responsable", puedes construir una nueva vida, incluso un nuevo mundo.

2. **Creer en algo grande**

   Tu vida es digna de un motivo noble.

He aquí el asunto: No es posible que tú ni yo seamos un recipiente vacío. Los humanos no están hechos de esa manera. En tu cráneo cargas una computadora más poderosa y sofisticada que todos los dispositivos creados por ingenieros de *IBM, Apple, Compaq* y *Microsoft* juntos. Mientras vivas, tu cerebro no puede estar estéril o vacante. Siempre hay algo que está pasando ahí arriba.

¿Cuántas funciones crees que está llevando a cabo tu cerebro en este momento? Está procesando los símbolos de tu lenguaje y empleando el alfabeto que ha memorizado mientras que monitorea tu temperatura y la del ambiente, mide la digestión, guía la conversión de energía, dirige y mueve las partes del cuerpo simultáneamente... ¡Y todo eso en cuestión de segundos! Tu mente lleva a cabo tantas tareas a la vez, a la velocidad de la luz, que su gran poder es impresionante, su capacidad de memoria tan vasta que no puede ser medida de manera precisa.

Esta magnífica pieza de *hardware* ha sido diseñada para funcionar de manera eficiente hasta los topes, pero, por desgracia, a menudo hemos sido condicionados a creer lo contrario. Algunos, por ejemplo, están convencidos de que pueden estar vacíos, que pueden no creer en nada. Están equivocados, por supuesto.

Algunas veces nosotros mismos pensamos así. Desde la niñez en adelante, se nos ha enseñado a respetar los límites y con frecuencia se nos ha dicho qué no hacer. Bajo estas circunstancias, no es sorprendente pensar que no estamos definidos por nuestras decisiones, que la vida nos pasa *a* nosotros y no está determinada *por* nosotros. Cuando digo: "cree en algo grande", una vocecita dentro de mí puede responder rápidamente: "soy muy pequeño". Nuestra instrucción (lo que los científicos sociales llaman "socialización") es con frecuencia sutil, poderosamente sutil. Por ejemplo, aprendemos a honrar a los héroes, lo cual de por sí está bien; pero, desafortunadamente, a la vez, se nos ha enseñado a considerar a estos héroes como seres distintos de nosotros, como si no pudiéramos caminar a su lado.

¿Juana de Arco, Abraham Lincoln, Mohandas Gandhi, Winston Churchill, Eleanor Roosevelt, Clara Barton, Frederick Douglas, Marie Curie, Martin Luther King Jr., Harry Truman... parecen, pues, más grandes que la vida? Sin embargo, ¿qué eran? Seres humanos, con cerebros y funciones corporales. De ninguna manera, busco desacreditar o disminuir sus contribuciones. Por el contrario, el hecho de que fueran seres humanos, no dioses, y hayan logrado tanto nos da a ti y a mí verdadera esperanza. Estas personas son ejemplos, modelo. Lo lamentable es que, desde niños, nos hayan invitado a ser sus fanáticos más que sus coequiperos cuando, en este juego que es la vida, también somos jugadores. Puedes alzar tu voz y decir: "¡Hey, entrenador, déjame jugar!", y ser escuchado.

Nos creamos a nosotros mismos, como ya he dicho, a través de las decisiones que tomamos y, por lo tanto, escogemos lo que queremos ser. De nuevo, somos los que *pensamos*. Y nunca estamos vacíos. Ninguna persona que haya vivido lo ha hecho sin creer, diga lo que diga. Cada uno de nosotros cree en *algo*. Quizá tenemos fe en Dios o en ningún Dios. Quizá se trate del dinero o el poder o de una carrera o un puesto, un amigo, una esposa, unos padres. Puede que veamos hacia la ciencia. Puede que algunos de nosotros escojamos pensar que nada importa, lo cual es particularmente triste, pues sea lo que sea en lo que creamos, hacia eso vamos. Otras personas pueden estar alentadas por una misión, un objetivo, un principio, *algo*. ¿Qué crees tú? Más importante aún, ¿*en qué* crees tú? Debe ser en ti mismo. Déjame ayudarte.

Sería absurdo sugerir que podría discutir lo suficiente en este capítulo —o en este curso— como para examinar la profundidad y el aliento de la vida humana. Sé que no puede hacerse un mapa de nuestras vidas con precisión milimétrica: la vida es escurridiza, los planos se sobreponen. Lo que aquí queremos hacer, delineando la manera en que crecemos, es animarte a reflexionar, a buscar en tu trasfondo, de manera cándida y a la vez agresiva, los obstáculos que te pueden detener.

Cuando nos aferramos como niños a una falsa noción, por más seguros que esto nos haga sentir, no solo retardamos nuestro crecimiento personal, a la vez hacemos más difícil —y peligroso— tomar los riesgos que necesitamos para construir confianza. Para aprender a tener más confianza, ya sea que nos sintamos asustados o tan solo vagamente incómodos al enfrentarnos a un reto difícil, es fundamental ser honestos y preguntarnos: "¿A qué estoy respondiendo? ¿A quién estoy tratando de satisfacer?".

Los niños aprenden a confiar; los adolescentes buscan identidad; los adultos ven más allá de ellos: para ser adulto, debes envolverte en algo más grande que tú, pues *tu vida es digna de un motivo noble.* Esto no solo vigoriza tus esfuerzos, los colma de significado. Recuerda, nosotros los seres humanos compartimos una experiencia universal que puede ser descrita en una sola palabra, una palabra que aplica para un niño nacido hace dos mil años como para el que aún no ha nacido. Hace parte de cada cultura, de cada tribu que ha existido o exista jamás, de todas las personas, las razas y las lenguas. La palabra es *luchar.* Todos lo hacemos. Y todos sobrevivimos, todos seguimos adelante hasta el último latido de corazón. Un parte preciosa y particular de las personas parece hacer más que eso. Prevalecen, y es en sus vidas donde podemos hallar un significado para las nuestras.

DESAFÍO NÚMERO 6: ÚNETE A UN EQUIPO

Haz una lista de las personas, vivas o muertas, que admiras por la manera en que han vivido sus vidas. En otras palabras, *¿a qué equipo te gustaría unirte?*

Haz esta tarea lentamente. Puede tomarte un tiempo, no hay problema con eso. Investiga sobre el tema de forma tan exhaustiva como si estuvieras escribiendo un ensayo. Pero, en lugar de hacer una gran disertación, *escribe la palabra o frase que mejor describa el significa-*

do de la misión de esa persona. Antes de empezar, piénsalo bien. Luego estarás listo. Y, por favor, no lo vuelvas tedioso. Incluso los Premios Nobel como Elie Wiesel y Maired Corrigan Maguire tienen un sentido del humor, a pesar de los horrores que vieron en los campos de concentración Nazi en el norte de Irlanda. No hay ninguna nube negra sobre sus cabezas.

Estás buscando un principio por el cual actuar.

Ten en cuenta que esta tarea no busca que dejes a tus seres queridos, te deshagas de tus pertenencias y te vayas a la cima de una montaña en busca de pensamientos iluminados. Lo que me gustaría que hicieras es *tocar el mundo a tu alrededor.* Si, por ejemplo, la palabra que descubres es "amabilidad", acoge ese principio y sé amable con aquellos que encuentras dentro y fuera de tu hogar y tu barrio.

Mantén tu misión específica:

Recuerdo a una joven adolescente que conocí una vez en una comuna. Yo, entonces, era un reportero que andaba recolectando información para un futuro artículo. La joven voluntariamente me habló de lo que pensaba era el sentido de la vida:

"Amor", dijo.

"¿Qué quieres decir?", pregunté.

"Amo a la humanidad", respondió.

"¿Qué hay de él?", pregunté de nuevo, señalando a un hombre sentado cerca de nosotros con una higiene personal sospechosa.

Hizo una pausa y lentamente movió su cabeza de lado a lado, "no...". Luego repitió: "¡Yo amo a la humanidad!".

Algunas veces, como en el caso de mi amiga adolescente, es más fácil acoger lo que no tocamos. Como he dicho, estás buscando *un principio que poner en práctica*. Sé que lo encontrarás.

6

Cómo superar la timidez

Algunos dicen que la timidez está en los genes. Otros dicen que aprendemos a ser tímidos. ¿Quién sabe? Quizá algún día lo sabremos. Por ahora, si sufres ataques de timidez como yo, quizá halles útil lo que he aprendido, consejos sólidos que pueden ayudarte a actuar con confianza cuando más incómodo te sientas.

Sin embargo, en primer lugar, debes reconocer que nuestra timidez no nos define. Cuando somos tímidos, tendemos a ver esta característica como la parte más grande de nuestra personalidad. Eso está sencillamente mal. Ser tímido es solo un pequeña parte de lo que somos, y para los demás es algo mucho menos importante de lo que es para nosotros.

Una vez entendido eso, he aquí seis pasos prácticos que puedes llevar a cabo para superar la timidez:

SEIS PASOS PARA SUPERAR LA TIMIDEZ

1. Encuentra un terreno común

Las multitudes pueden ser sobrecogedoras. Si tienes que unirte a una, estarás menos nervioso si estás con uno o dos amigos. Puedo estar cómodo en el más grande de los grupos si estoy ahí con algunas personas que conozco.

2. Planea a futuro

Antes de salir de casa, planea lo que vas a decir. No es necesario que planees un discurso o que me memorices una rutina de comediante. Tan solo haz preguntas, la técnica que has aprendido en el Capítulo 4: Cómo empezar una conversación.

3. Mueve tu cuerpo

Puede ser gracioso, pero esto en realidad ayuda. La actividad física —acción— disipa la energía nerviosa (Esto no quiere decir que impulses tu cuerpo lo más rápido posible hacia la puerta).

4. Deja de verte a ti mismo

Concéntrate en los otros. Las personas tímidas se enfocan en sí mismas, en sus miedos y ansiedades del momento. Ten en cuenta que todos respondemos al grado de interés que otra persona muestra en nosotros. De manera que, si recordamos invertir los primeros minutos en hacer sentir a gusto al otro, también nosotros nos sentiremos a gusto.

5. Encuentra un detalle particular en los demás

Son útiles para empezar conversaciones. "Qué anillo tan particular, ¿cómo fue diseñado?". (Algunas veces puede que tú mismo tengas un detalle de esos, lo cual hace que a los demás les sea más fácil dirigirse a ti; en especial, si han leído este pasaje). Otras veces, las circunstancias pueden ser tu boleto para hablar. Por ejemplo, si estás en un torneo de tenis, puedes hablar de eso.

Los romances y las relaciones suelen ocurrir en el colegio y el trabajo, porque las personas allí tiene algo en común de qué hablar. Así que saca ventaja de eso: casi todas las conversaciones iniciales son una búsqueda de intereses comunes.

6. Sonríe

¿Te has dado cuenta de lo fácil que es para los cachorros hacer amistades humanas? Y, sin embargo, lo único que hacen es batir sus colas y caerse. Si tienes una actitud amistosa, los demás lo notarán.

7

Cómo lidiar con los errores: "SLIP" y "RIP"

Hace unos días, debía llevar a cabo un show en el Teatro Ford en Washignton D.C.; un colega de la revista *Parade* me preguntó la razón por la cual me presentaría solo en un lugar donde tantas personas me podían ver.

"Si yo fuera tú", me dijo, "encontraría el teatro más pequeño en el norte de Connecticut para llevar a cabo mi show y me aseguraría de que solo una docena de sillas estuviesen ocupadas".

Estuve de acuerdo: "Sí, eso harías".

"No entiendo", dijo, "Eres editor y escritor, no actor. No tienes que hacer eso. ¿Por qué vas a hablar allá, frente a personas de la Casa Blanca, celebridades, tanta gente que te conoce, incluso otros presentadores?".

"He pensado mucho en eso", admití, "y sé por qué quiero hacer esto de esta manera. Verás, puedo fracasar con la misma facilidad en un teatro pequeño y vacío en el norte de Connecticut como puedo hacerlo en el Teatro Ford con las sillas llenas. Pero no trabajé tan fuerte durante cientos de horas de escritura y ensayos para tener un pequeño desliz. Si voy a fracasar, lo haré en grande".

En los primeros seis capítulos, analizamos quién eres y qué cosas son importantes para ti. En este capítulo, vamos a explorar por qué no solo es saludable sino también necesario que todos nosotros cometamos errores. También vamos a echar un vistazo a las formas más antiguas y entretenidas que tenemos de relacionarnos con las narraciones de uno y otro.

No obstante, antes quisiera revisar el desafío número 3. Estoy seguro de que, en este momento, has encontrado, a través de tu diario, que gran parte de las cosas por las cuales nos preocupamos nunca ocurren. La primera vez que puse esta tarea fue hace dos décadas para una clase que dictaba sobre psicología anormal en el *Westchester Community College* en Valhalla, Nueva York. Hasta el día de hoy, en cualquier lugar y en cualquier momento donde he sugerido este ejercicio, los resultados han sido similares:

La mayoría de las preocupaciones simplemente no ocurren. Muchas de las cosas que nos preocupan pasan para bien, no para mal, y solo una pequeña fracción de lo que tememos ocurre. Sospecho que, para este momento, has aprendido que eliminas muchas de esas preocupaciones solo con escribirlas. Quizá también se vaya haciendo evidente que muchos temores son vagos y absurdos. Esto es cierto para todos. Otro avance importante, para casi cualquier estudiante, ha sido que, cuando tratamos de medir las posibles consecuencias de lo que nos inquieta —cuando nos preguntamos: "¿Qué es lo peor que podría pasar?"—, nuestras ansiedades suelen disminuir pues descubrimos que lo peor en realidad no es tan grave.

Entiendo que es probable que aún no termines los treinta días de diario y, sin embargo, sientes que has aprendido lo suficiente de este ejercicio. No obstante, me gustaría que siguieras escribiendo en él. Y, de nuevo, por favor no compartas los resultados hasta que hayas terminado el mes. Después de eso, si quieres discutirlo con alguien, adelante. Pero te hago una advertencia: este ejercicio funciona así de bien, porque te permite encontrar por tu propia cuenta las verdades sobre tus preocupaciones. Si quieres asistir a otros, asegúrate de permitirles experimentar el impacto de sus descubrimientos por sí solos. Si les revelas muy temprano lo que ya sabes, el poder del ejercicio disminuirá. Cuando dejas que otras personas vivan este ejercicio como lo has vivido tú, el efecto que tendrá en sus preocupaciones será muy similar a lo que has visto ocurrir con las tuyas.

Cambiamos constantemente. Tal como nuestras células mueren y se reponen cada tantos meses y nuevas ideas se presentan continuamente, las oportunidades aparecen; y nuestras mentes magníficas procesan millones de pedazos de información cada día, todo el tiempo. Si vamos a reconocer y aprovechar las oportunidades que la vida nos ofrece y, al mismo tiempo, vamos a preocuparnos bien, debemos aceptar esta regla fundamental:

Para triunfar, debemos estar preparados para fracasar.

Después de todo, la vida es prueba y error. Greg Louganis, uno de los más grandes saltadores olímpicos del siglo XX, una vez me dijo que un millón de fanáticos puede presenciar un salto al que todos los jueces le den un diez, pero nadie ve los mil saltos imperfectos que preceden a este en los entrenamientos, los mil que fueron necesarios para lograr ese diez perfecto.

Sherry Lasing, la primera mujer en la historia de Hollywood en dirigir un gran estudio de cine y ahora una de las productoras más exitosas de Estados Unidos, dijo: "He visto a personas muy buenas cometer errores muy grandes, pero esas son las mismas personas que crean un gran éxito". El verdadero éxito es siempre el último eslabón de una serie de intentos fallidos por hacer las cosas bien.

Si no probáramos, no experimentáramos, no intentáramos, no hiciéramos algo mal, entonces no creceríamos.

Mira hacia afuera. La naturaleza se ha ido perfeccionando, adaptándose exitosamente a nuevas circunstancias desde que la primera célula se dividió y se vio tan similar a la original. Una serpiente cascabel no es una cobra ni tampoco una lombriz. ¿Alguna vez has visto dos árboles iguales? ¿Es un cocodrilo un camaleón? ¿Es una rata un hámster? Si tus ancestros de las cavernas no hubiesen tratado —y fracasado— tantas veces, tú y yo, si hubiéramos llegado al día de hoy, quizá estaríamos arrojándole piedras a la luna esta noche para espantar las nubes. Sin los errores la vida no solo sería improductiva, también sería aburrida. Se perdería la oportunidad de aprender. Lo que importa no es si cometemos errores, es si aprendemos de la oportunidad que nos ofrecen.

Estoy confundido. Pareces estar definiendo "errores" de una manera distinta a la que me enseñaron. ¿Qué es exactamente un error?

Un error puede ser varias cosas distintas. Puede ser una decisión equivocada o un malentendido, algo que quizá concuerde con lo que has aprendido. Pero un error también puede tratarse de una decisión cuyos resultados simplemente fueron distintos de lo esperado. Como lo ha señalado Greg Louganis, puede tratarse de un salto de práctica o ensayo para alcanzar un mejor desempeño. Por ejemplo, he escrito este párrafo cinco veces, y se ha encogido de más de cien palabras a poco más de ochenta (o bueno, casi noventa ahora).

De mi propia experiencia, he aprendido a reconocer al menos cuatro tipos de errores además de aquellos necesarios para mejorar el desempeño. Los recuerdo por medio del acrónimo SLIP, que se traduce en errores de similitud, lapso, ignorancia y percepción.

LOS CUATRO ERRORES (SLIP): SIMILITUD, LAPSO, IGNORANCIA, PERCEPCIÓN

1. Errores de similitud

Quizá estos correspondan a la mayoría de nuestros errores. Solemos repetir comportamientos cuando las señales son similares. Quizá nos despertemos un lunes por la mañana, nos vistamos para el trabajo, tomemos nuestro maletín, abramos la puerta del carro, nos sentemos detrás de un volante familiar y luego manejemos hacia el lugar donde solíamos trabajar y no hacia donde trabajamos ahora. Un extraño nos recuerda a alguien que conocemos y le hablamos como si se tratara de esa persona. O completamos un reporte importante y lo botamos a la caneca, como si se tratara de basura. La familiaridad impulsa estos errores, pero es importante reconocer que el mismo comportamiento fácilmente hubiese podido ser correcto. Erramos porque respondemos a señales familiares que existieron bajo condiciones distintas.

2. Errores de lapso

Nuestra memoria toma un paseo. Haces un plan para completar unas diligencias, pero igual te olvidas de algunas. Te interrumpe una llamada telefónica mientras que limpias tu cuarto, y luego te vas de casa después de colgar sin acabar lo que estabas haciendo. No logras acordarte dónde dejaste tu abrigo. Entras a la cocina y no logras recordar *por qué* entraste ahí. O, en un caso más serio, te olvidas de tomar tu medicina, revisar los frenos o completar una importante tarea del trabajo o el colegio.

3. Errores de ignorancia

Sabemos que no sabemos, pero igual pretendemos. Estos errores van desde cosas jocosas (ordenar algo de un menú extranjero y luego encontrarse con algo extraño en el plato) hasta las que pueden tener consecuencias trágicas ("¿Qué hay que saber para navegar un barco?").

4. Errores de percepción

Creemos saber. De manera equivocada, pensamos que en un día frío el agua de la piscina ha sido calentada así que, sin penarlo más, nos botamos. Con frecuencia, volvemos una y otra vez sobre este tipo de errores. Cuando argumentamos con vehemencia sobre un punto basados en información que no estamos seguros que exista, solo para luego descubrir que, en efecto, la información no existe, cometemos un error de percepción. Nuestro deseo no puede cambiar la realidad y nos equivocamos porque nos negamos a ver eso.

Hay un error más, y es pensar que he cubierto todos los errores en los cuatro anteriores. No hay duda de que podríamos apiñar más errores en esos cuatro, pero SLIP cubre un buen número sobre los que podemos ponernos de acuerdo. Ya sea que tu error haya sido un paso hacia mejorar el desempeño o un SLIP, recuerda:

Cuando no haces nada, no cometes errores; cuando no cometes errores, no haces nada.

¿Estás diciendo que quieres que cometa errores?

Exactamente. Quiero que cometas errores porque te deseo la más feliz de las vidas. No hay verdadera felicidad en lo vacío, en no hacer nada, en la vida sin riesgos: *El verdadero éxito es siempre el último eslabón de una serie de intentos fallidos por hacer las cosas bien.* Para vivir una vida plena, para sentirte eufórico por tus logros, para preocuparte bien, debes esperar que ocurran errores y debes poner en práctica lo que llamo RIP, un segundo acrónimo que se traduce en responsabilidad, intuición y perspectiva. También quiere decir, por sus siglas en inglés, "que en paz descanse" *(Rest In Peace)*, lo cual de por sí no es una mala manera de ver tus errores.

ERRORES RIP: RESPONSABILIDAD, INTUICIÓN, PERSPECTIVA

1. Responsabilidad

Acepta la responsabilidad de tus errores; no encontrarás un mejor momento para practicar el primero de los siete pasos hacia la autorrealización: *Yo soy responsable.* Un error no quiere decir que seas una mala persona, tan solo quiere decir que eres uno de nosotros, un ser humano. Si el fracaso significara incompetencia, aún seguiríamos durmiendo en las cuevas. Nunca ignores los errores; si lo haces, te condenas a repetirlos. Si te apropias de un error, puedes aprender de él. Ese es el segundo paso.

2. Intuición

Tú no eres tu error. Estudia tu error solo por lo que puedes aprender de él. No pierdas tiempo ni esfuerzo llorando sobre la leche derramada. Pregúntate: "¿Qué fue lo que salió mal? ¿Por qué? ¿Qué he aprendido que me permita hacerlo mejor la próxima vez?". Es mucho más fácil ser honesto contigo cuando reconoces que tú y tu error no son la misma cosa, que tú no eres un fracaso solo porque algo que hiciste fracasó.

3. Perspectiva

La gran mayoría de los errores son apenas problemas que tenemos la oportunidad de resolver. Rara vez se trata de tragedias personales. Trata de no confundir las posibles consecuencias del error con el error mismo. Para mantener una perspectiva —como ya has aprendido a hacerlo llevando tu diario personal—, tan solo pregúntate: "¿Qué es lo peor que puede pasar?". Con frecuencia, la respuesta disminuirá tu miedo, pues lo peor no puede ser tan malo. E incluso en el extraño caso en que sí sea muy malo, una vez aceptes lo peor que puede pasar, te puedes *enfocar en la solución, no en el error*, y dejar que tu *ansiedad juegue a tu favor*. No te resistas a su fuerza. En cambio, utiliza la preciosa energía que la ansiedad provee para mantenerte alerta y explorar tus posibilidades. Nunca has sido más agudo.

Cuando aceptas la responsabilidad, examinas tu experiencia y te concentras en las soluciones, no solo empleas los principios de Responsabilidad-Intuición-Perspectiva de manera exitosa y, por lo tanto, te beneficias de tus errores, pero también haces de tu ansiedad un aliado. RIP no es solo para los errores, es para la vida.

DESAFÍO NÚMERO 7:
ENFÓCATE EN LAS SOLUCIONES

Escribe las siguientes palabras en varios pedazos de papel: *Enfócate en las soluciones*. Pon estos mensajes en lugares donde se te atraviesen: en un bolsillo, en tu cartera, al lado de tu cepillo de dientes, en tus zapatos, en donde sea que estés seguro de verlos y tocarlos. Esto no es un truco ni un juego, es una técnica de aprendizaje altamente efectiva.

Durante los próximos días, tendrás contactos, experiencias, preocupaciones; surgirán situaciones que requerirán de tu atención. Los mensajes están puestos deliberadamente para irrumpir en el fluir de tu día, como rocas en una corriente. Entre más mensajes pongas, mejor; este ejercicio funciona mejor cuando se vuelve molesto. Las interrupciones irritantes te ayudarán a fusionar el mensaje —*enfócate en las soluciones*— con tus experiencias del día, no solo cuando te sea conveniente pensar en ello o cuando estés leyendo estas páginas, como lo haces ahora mismo.

Lleva a cabo este ejercicio durante tres días. Cada vez que te encuentres con un mensaje, oblígate a considerar de nuevo lo que este significa, y piensa si hay una situación a la mano o una que haya ocurrido recientemente a la cual puedas aplicar los principios que estás estudiando. Ten en cuenta que, en este capítulo, he descrito SLIP solo para asistirte a ver, de una manera más amplia, el tipo de deslices que cometemos a diario, y para animarte a no poner todas tus equivocaciones bajo un gran manto llamado "errores". Espero que te haya servido. No es necesario recordar los detalles de SLIP, pero sí es importante acoger los principios básicos de responsabilidad, intuición y perspectiva, pues es allí donde se encuentra la acción.

Ahora bien, he aquí una noción que puedes encontrar útil en los próximos tres años: una manera sensible de ver los errores, en especial si te encuentras en una posición donde debes evaluar el desempeño de otros, es reconocer que hay una gran diferencia entre un error de pereza y uno de ambición. Un error de pereza debe ser rechazado; *un error de ambición debe ser alentado.*

Un error de pereza es lo que ocurre cuando, en una línea de montaje, no se examina un parabrisas debido a que la persona responsable de ello está soñando despierta con su próximo paseo de pesca y ha dejado pasar su tarea. Es fácil darse cuenta que este error deber ser rechazado.

Por otro lado, cuando un error ocurre porque un empleado está trabajando tan duro que algo se le escapa —cuando, por ejemplo, una persona está haciendo el trabajo de dos, cubriendo a un colega que está enfermo— un jefe sabio puede notar ese error, pero alabará y celebrará con entusiasmo el esfuerzo que hay detrás de ello. Por lo tanto, promulga la ambición, el trabajo duro y el crecimiento.

Durante las próximas 72 horas, mientras completas este ejercicio, mantén tus ojos alerta a todo error de ambición *versus* aquellos de pereza. Presta atención a la manera en que otros lidian con este tipo de errores: ¿Los han manejado bien? Si es así, ¿por qué? Si no, ¿Por qué no? ¿Qué harías tú distinto? Recuerda, ya sea que llamemos a un error SLIP o lo identifiquemos como ambición o pereza, los errores son una oportunidad de aprender y de crecer.

Imagina un niño que lucha por sacar una B en el quinto grado y es castigado por su padre por no obtener una B+ o una A. Trabajando aún más duro, en el siguiente periodo, saca una B+ y, de nuevo, es reprendido, pues no es una A ni una A+. En un juego de béisbol, lleva a su equipo a un puntaje de .350, pero su padre le recuerda que .350 no es .400.

¿Acaso todos nosotros no hemos conocido un individuo como este niño que, hecho adulto, se queja con vehemencia de su empleador o de otra figura de autoridad? Habiendo renunciado o sido despedido de otra docena de trabajos, es capaz de nombrar detalladamente cada una de las fallas o errores de todos sus superiores, sin llegar a reconocer que les está dando las mismas características a personas distintas. Adicional a esto, las principales fallas del supervisor, como las describe, no parecen cambiar: "Simplemente no reconocen lo valioso que soy. No soy apreciado". Todavía adolorido, aún buscando inútilmente aprobación, el hombre lucha con los fantasmas de su niñez. No dice: "Odio a mi papá". Eso es muy difícil de admitir. En cambio dice: "Odio al jefe", transfiriendo su odio a quien quiera que sea la autoridad. Aunque escondido, el odio del hombre es completo y real; es el color de su mundo.

Cuando alguien repetidamente nos involucra en experiencias desagradables —particularmente en aquellas que nos hacen sentir miedo, rabia o dolor— no es de extrañar que desarrollemos una actitud de odio, así debamos suprimirla para sobrevivir al momento. Ese odio tan escondido que inconscientemente intenta liberarse le causa un inmenso dolor a incontables personas, y esto, sospecho, es la causa de, al menos, una buena parte de la intolerancia que hay en el mundo de hoy.

Tan solo he usado un ejemplo de intolerancia (seguro que puedes pensar en muchos más ejemplos que son aún más extremos) para introducir el tercero de los siete pasos hacia la autorrealización:

EL TERCER PASO HACIA LA AUTORREALIZACIÓN

1. **Saber quién es el responsable**

   Acepta la responsabilidad personal por tu comportamiento. Cuando dices: "Yo soy responsable", puedes construir una nueva vida, incluso un nuevo mundo.

2. **Creer en algo grande**

   Tu vida es digna de un motivo noble.

3. **Practicar la tolerancia**

   Te querrás mucho más a ti mismo y también lo harán los demás.

Para explorar el valor de la tolerancia, puede ser útil recordar la parábola de los dos monjes budistas que, una tarde, se apuraban para regresar a su monasterio antes de que cayera la noche. Inesperadamente, se encontraron con una joven mujer muy bella que estaba de pie junto a la orilla del río que debían cruzar. Se dieron que cuenta de que la mujer se encontraba perpleja, caminando frenéticamente. Al igual que los monjes, ella estaba muy consciente de que se acercaba la noche.

"¡El agua está tan alta!", exclamó. "¿Cómo podré cruzar así?".

El monje más alto rápidamente la cargó en su espalda a través del río, dejándola sana y salva del otro lado.

"Muchas gracias", le dijo. Una vez segura, echó a andar por la carretera que la llevaría a casa.

Los monjes se fueron velozmente por un camino alterno, pero apenas perdieron de vista a la mujer, el monje más bajo inició un furioso reclamo:

"¿Has olvidado tus votos? ¡Cómo te atreves a tocar a una mujer! ¿Qué va a decir la gente? Has escandalizado a nuestra orden, has llevado nuestra religión a descrédito...".

Con la cabeza agachada, el monje más alto andaba silencioso, escuchando el interminable sermón sin argumentar nada.

Finalmente, luego una hora de abuso, el monje más alto interrumpió: "Discúlpame, hermano. Yo dejé a esa mujer en el río. ¿Tú la sigues cargando?".

¿Estás llevando *tú* una carga pesada?

Conozco íntimamente lo pesada que puede ser una carga así. En mi propia vida, he odiado. También he sentido celos, resentimiento y prejuicios, y he sido intolerante con los demás. Ahora sé que ninguno de estos horribles sentimientos me trajo confort alguno, no me ayudó a resolver ningún problema ni a sentirme bien de ser quien soy. Cuando estudiamos errores, como lo hemos hecho en este capítulo, aprendemos que nos enseñan lo humanos que somos, lo diferentes que somos.

Sé tolerante: te querrás mucho más y lo mismo harán los demás.

8

Cómo contar una historia

Me dedico a contar historias. Sin embargo, hasta ahora nunca he hablado de cómo fue que, por primera vez, descubrí lo importante que es para mí contar historias.

Todo empezó en el otoño de 1980, estando sentado en el estudio de la casa de Irving Wallace, en Brentwood, California. Irving había escrito más de 35 novelas populares y libros de no ficción —incluyendo grandes *best-sellers* como *El informe Chapman, El complot, El todopoderoso, La palabra*— y era coautor, junto con sus dos hijos, de *El libro de las listas* y *Almanaque de lo insólito.*

Yo estaba allí para sugerirle a Irving que él, su hija Amy y su hijo David escribieran una columna de hechos inusuales para la revista *Parade*, de la cual yo era recientemente editor. Estaba muy emocionado e hice mi mejor esfuerzo por ser persuasivo.

Sin embargo, aunque Irving fue cordial y muy amable, no se comprometió a nada.

Finalmente le dije: "Tienes casi todo lo que un escritor desearía tener en su vida".

Tenía su atención. Después de todo, él era uno de los novelistas más prósperos de todos los tiempos.

"¿Casi todo?", me preguntó.

"Sí", le dije, "solo te falta una cosa".

Si metes el pie, te metes hasta el cuello, pensé. *Espero que tenga un sentido del humor.*

"Te hace falta que tu editor sea yo", le dije.

Se rió a carcajadas, y lo mismo hice yo. Estoy seguro que fue ahí, en ese momento tan agradable —cuando este autor tan enormemente exitoso estaba tan risueño y de buen genio con un joven y vulnerable editor— cuando supe que había hecho un amigo.

Unos días antes de la Navidad de ese año, Irving me llamó para decirme que él y sus hijos escribirían la columna que yo les había propuesto. "Lo haremos durante un año", me prometió, "y la llamaremos *Significa*".

"Maravilloso", le dije.

La columna continuó no por un año, sino por tres, y eventualmente fue publicada como un libro. Irving, su esposa Sylvia, David y Amy fueron mis amigos de por vida. Nunca me he sentido tan honrado como cuando la familia de Irving me pidió que hablara en una ceremonia cuando murió en 1990.

En el avión de vuelta a Nueva York, luego del servicio, recordé nuestro primer encuentro en la casa de Irving y me quedé pensando en nuestro breve intercambio de palabras que siguen pesando hasta este mismo momento. Irving había estado hablando sobre la escritura, sobre lo que él sentía que era importante:

"Walter", me dijo, "yo creo que puedo contar una historia tan bien como cualquier otra persona. Soy un narrador de historias".

"¡Yo también!", respondí.

En ese momento, dos cosas muy interesantes sucedieron: en primer lugar, por primera vez en mi vida entendí que era un narrador de historias, que por fin había dicho lo que es cierto. Y en segundo lugar, estaba total y absolutamente avergonzado. Mi rostro estaba encendido y rojo. Increíblemente, le acaba de contar a uno de los grandes narradores del planeta que, digamos, yo era como él. Lo que pudo haber sido un momento incómodo se tornó glorioso, pues la respuesta de Irving fue inmediata y genuina.

"Sí, lo eres", me dijo.

Hablamos sobre la narración en profundidad, y —como este hombre generoso lo hizo por muchos otros— me animó a escribir, a contar cuentos, a descubrir, a crear.

Y aquí estamos, tú y yo, y te tengo un mensaje que, te aseguro, puedo darte con humilde convicción:

Tú eres un narrador de historias.

Lo eres. Has estado oyendo y narrando historias toda tu vida. Como el aire que respiramos, narrar historias es una parte tan grande de nuestra existencia que algunas veces lo damos por sentado y no reconocemos el poder que tiene sobre nosotros y todos los demás. En realidad, una historia bien contada puede sorprender, desarmar, enseñar y motivar; puede plantear algo, ganar un amigo o cerrar un negocio. En los capítulos que vienen, voy a desmentir algunos de los mitos que hay sobre el arte de narrar historias, revelándote técnicas prácticas para construir y contar historias de una forma más efectiva.

Mucho antes de la historia registrada, incluso antes de que nuestros ancestros de las cavernas dibujaran pictografías en las paredes, la narración de historias ha encendido la imaginación de escuchas de todas las edades en cada esquina del mundo. Generación tras generación, de lugar en lugar, los seres humanos han narrado historias para entretener, instaurar valores, enseñar tradiciones y expresar sus esperanzas y miedos. Es en los relatos de los seres del mundo donde encontramos su historia, sus sueños, sus pesadillas.

Una definición estándar de "relato" podría decir algo como: "Un relato es una narración, verdadera o ficcional, en prosa o en verso, diseñada para interesar, entretener o instruir al lector o al escucha". Qué interesante. Resulta sorprendente que tan pocos de nosotros nos demos cuenta de que somos narradores de historias y relatos. ¿Acaso esa definición no se parece a una de esas reglas que debías aprender de memoria en el cuarto grado? Puede que encuentres una definición más amigable, pero no me extrañaría que no lo hicieras. Muchos diccionarios tienen dos definiciones para "cuentero": la primera es "una persona que narra historias" y la otra es "charlatán o mentiroso". Ya que soy un narrador confeso, por supuesto que no estoy demasiado interesado en la última definición.

¿Qué hace interesante a una historia? *Tensión* y *descubrimiento*.

La tensión y el descubrimiento es lo que atrapa a una audiencia, mantiene su atención, lo que hace que una historia sea absorbente. La tensión ocurre en la vida real porque ninguno de nosotros sabe lo que va a pasar después. ¿No es eso lo que hace la vida interesante? Somos curiosos, nos anticipamos. El drama se desarrolla en el mañana. La tensión en la vida es auténtica, ¿no es así? Una historia bien contada es similar, con la excepción de que la tensión en una historia es creada de manera artificial. Los narradores de historias construyen tensión haciendo o sugiriendo una pregunta desde el principio del relato. En el momento en que esa pregunta es contestada —cuando se hace el descubrimiento—, la tensión termina.

Cuando le pregunté al viejo Alex Haley —coautor de *Autobiografía de Malcolm X* y autor de *Raíces*— cómo contar una historia, me dijo: "Empieza por el principio y cuenta la primera cosa que pasó". Recuerdo una tarde en San Antonio, Texas, en la que escuché atentamente mientras Alex pasmaba a todo un auditorio, manteniendo a todo el mundo, incluyéndome, en el borde de los asientos durante veinte minutos. ¿Su historia? Contaba un relato sobre su niñez que trataba de un hombre que fue a la iglesia un domingo en Henning, Tennessee, se sentó en un banco y atrapó una mosca con su mano. Esa es toda la estructura de la historia de Alex, su inicio, mitad y final. Es verdad que llenó su historia con hermosos detalles y colores, pero el poder estaba en la simplicidad y, por supuesto, en la *tensión*.

Alex empezó su historia describiendo la manera en que varios niños pequeños del pueblo siguieron al hombre, que estaba un poco ebrio, a medida que caminaba hacia la iglesia. Estaban impacientes: "¿Sería capaz de hacerlo? ¿Lo verían cuando pasara?". El hombre ignoraba sus preguntas y, con frecuencia, tropezaba. La historia concluyó con el hombre "haciéndolo": coger una mosca con su propia mano, recibiendo los "ooohs" y "aaaah" de la gente congregada alrededor.

A medida que leas las siguientes historias de un minuto, pon particular atención a la manera en que consideres que es creada la tensión y cuándo ocurre el descubrimiento. Aunque estas historias son breves, puede que te des cuenta de que, algunas veces, una cosa lleva a la otra. Sí, la trama se ensancha. Disfruta.

UN NIÑO ABRE LA PUERTA

Puede que recuerdes cómo Robert y Ted Kennedy y el resto de la familia se mantuvo muy reservada durante las primeras semanas que siguieron al asesinato del presidente John F. Kennedy en noviembre 22 de 1983.

Pero ninguna puerta se cierra para siempre.

Robert Kennedy había prometido visitar un orfanato durante su fiesta de Navidad y decidió cumplir con su palabra, convirtiéndose así en el primer miembro de la familia en hacer una aparición pública luego de la muerte de su hermano mayor.

El distinguido autor Peter Maas estaba allí ese día y me contó lo sucedido:

Los niños salieron corriendo a saludar al senador Kennedy, pero —como suele ocurrir cuando confrontamos a las celebridades— el grupo se quedó en silencio. En ese instante, uno de los pequeños niños gritó: "¡Tu hermano está muerto!".

En el salón reinó el silencio. Los adultos, incluyendo a Peter, quedaron petrificados.

El niño —sin entender qué había hecho mal— empezó a llorar.

Tan rápido como pudo, el senador atravesó el salón, alzó al niño en sus brazos, lo abrazó y le dijo suavemente: "Tranquilo, todo está bien. Tengo otro...".

SOLO UN PASO MÁS

Cuando piensas que es muy difícil seguir adelante, quizá quieras recordar esta historia:

Faltando diez minutos para las 7:00, en una tarde fría y oscura en la Ciudad de México, en 1968, John Akwari de Tanzania entró cojeando al estadio olímpico; era el último hombre en terminar la maratón.

El ganador ya había sido premiado y la ceremonia de victoria se había acabado hacía rato. Así que el estadio estaba casi vacío cuando Akwari —solo, con su pierna ensangrentada y vendada— luchaba por darle la vuelta a la pista y llegar a la meta final. El respetado director de documentales Bud Greenspan miraba desde la distancia. Luego, intrigado, Bud fue hasta Akwari y le preguntó por qué había continuado con esa lucha agotadora por llegar a la línea final.

El joven hombre de Tanzania respondió suavemente: "Mi país no me envió a 9.000 millas para empezar la carrera. Me enviaron a 9.000 millas para finalizarla".

CUANDO LA OTRA PERSONA ESTÁ BIEN

Bárbara Walters y su productor, Beth Polson, se encontraban en un severo desacuerdo.

Beth quería que ella promocionara un próximo especial apareciendo en el Show de Johnny Carson. La idea ponía a Bárbara nerviosa. "Soy una entrevistadora", dijo irrevocablemente, "no alguien a quien entrevistan".

Beth persistía. Insistía.

Finalmente, ella se desesperó y le dijo a su amigo: "Eres como una aplanadora y me presionas a hacer de todo. No quiero estar en el Show de Johnny Carson. ¡Deja de presionarme!".

Bárbara dejó la oficina con un nudo en el estómago mientras caminaba. Sin embargo, regresó y abrazó a Beth.

En efecto, asistió al show de Johnny. Un año después, recibió una pequeña almohada en la que estaba bordada esta pregunta: "¿Has abrazado a tu aplanadora hoy?".

Un tiempo después, Bárbara confesó: "Algunas veces lo único que puedes hacer, luego de un arrebato, es admitir que te has equivocado y decir lo que sientes. Es posible que la otra persona también esté dolida. Suele ser difícil hallar un camino de vuelta, pero creo que es importante intentarlo".

DESAFÍO NÚMERO 8:
LAS HISTORIAS HACEN PREGUNTAS

Las tres historias que te he pedido leer son tan simples en su construcción como lo era la de Alex Haley. Estoy seguro de que notaste que hay muy pocas palabras en cada una de las historias de un minuto, pero, ¿acaso no quisiste saber lo que ocurriría después? En una hoja aparte, escribe una pregunta que te parezca que creó tensión en cada una de las tres historias. No gastes más de un minuto o dos en esto. Una vez tengas las tres preguntas, guarda la hoja por ahora.

Las mejores historias le llegan a todo el mundo. Pasan a través de nosotros como un hilo invisible

¿Por qué?

Porque *las historias contienen verdades elementales de la vida.* Podemos identificarnos con ellas. Tienen un sentido para nosotros. En realidad, las grandes historias trascienden el tiempo y el espacio. He aquí un ejemplo de hace siglos:

LA LÍNEA FINAL

¿Has oído hablar de Diógenes? Era el antiguo filósofo griego que andaba por Atenas cargando una linterna a plena luz del día, tratando de hallar a un hombre honesto. Diógenes era verdaderamente un pensador inusual, un hombre que creía que la gente tenía la llave a la felicidad dentro de sí y que la vida más sencilla era la más sana.

Durante su vejez, quiso mantenerse tan activo como siempre. Cuando uno de sus discípulos le dijo que fuera más despacio, Diógenes replicó: "Sé que muchas personas piensan que la vejez es un tiempo de tomar las cosas con calma, pero compara mi vida de ahora con la del último participante de una cadena de relevos. ¿Me harías disminuir la velocidad si me aproximara a la línea final?".

Así, el sorprendente Diógenes vivió hasta bien entrado en sus noventas.

Y para aquellos que escuchan, ha dejado su batuta.

¿Puedes imaginarte a través de cuántos siglos ha sido contada la historia de Diógenes para enseñar e inspirar? ¿Acaso no te hizo detenerte a reflexionar, al menos por un instante? Te preguntaste: "¿De qué manera me estoy aproximando a *mi* línea final?".

Justo en este momento, en cada clase de *Sé valiente: el curso completo para desarrollar confianza en ti mismo* una buena cantidad de manos se levantan, todas con una misma pregunta:

Pero, ¿dónde encuentro buenas historias como estas para contar?

Las historias están en todos lados. Veamos.

Primero que todo, puede que encuentres la más profunda fuente de historias en tu interior; *busca en tus experiencias de vida*. Estas historias pueden estar entre las más interesantes. A los niños les encanta oír hablar a sus padres y a sus abuelos de cuando eran niños. Por otro lado, los adultos dan por sentado lo mucho que gustan de una buena historia. Se olvidan de la frecuencia con que ellos mismos, cada día, casualmente, piden una: cuando le hacemos una pregunta personal a alguien, ¿no le estamos pidiendo a esa persona que nos narre una historia? Así que, *busca en tu pasado incidentes que hayan sido felices, absurdos o dolorosos.*

Este es un buen momento para analizar por qué tienes una determinada opinión sobre las cosas que son importantes para ti. Lleva esto un paso más allá: ¿cuándo te diste cuenta, por primera vez, de que te interesaba tanto ese tema? Ahí hay una historia. *Las historias están en todos lados.* ¿Recuerdas la historia que compartí contigo sobre el día en que encontré sangre en mi mejilla luego de hablar por un teléfono público, y cómo, en mi furia, me juré: "Me voy de aquí"? ¿Y cuando me di cuenta de que era un narrador de historias? Sí, la historia que conté sobre Irving Wallace.

Cuando estamos buscando historias, cada uno de nosotros debe tener cuidado de no ser como el pequeño pescado que le pide al grande que le ayude a buscar el océano. El pescado grande dice: "Este es el océano, estás nadando en él". Pero el pequeño le dice: "No, me han dicho que el océano es vasto. Esto solo es agua. ¡Quiero encontrar el *océano*!". Las historias están a nuestro alrededor, cerca de nosotros, tan cerca que es posible verlas. Tú, amigo mío, no solo eres un narrador de historias, *eres una historia.*

Otro recurso en bruto es la historia de tu familia. Habla con tus padres, abuelos o con otros miembros mayores de tu familia. Pídeles sus historias. Transmite su herencia. Todas las familias tienen historias, entre más rica sea una familia en anécdotas, más grande será el legado que dejará.

Encontrarás que los reportajes de los diarios, la radio y la televisión están llenos de historias todos los días. Visita tu biblioteca local. Estarás verdaderamente sorprendido con la emoción con que tu bibliotecario te ayudará a encontrar colecciones de relatos folclóricos, fantásticos, humorísticos, miedosos e inspiradores.

Cuando leas o escuches que un aclamado narrador de historias se encuentra en tu ciudad, ve a su presentación (y si ese narrador llegara a ser yo, ¡haz un mayor esfuerzo por ir y aplaudir fuertemente!). Mira a tu alrededor. Las historias están en todos lados. Lee una vieja lápida, luego deja que tu imaginación se ponga a trabajar .Visita un sitio histórico o párate frente a una vieja casa. Deja que tu imaginación se ponga a trabajar. Mira fijamente el rostro de un extraño. Observa sus ropas. ¿Ves pistas para una historia? Apuesto a que sí. Y, de nuevo, deja que tu imaginación se ponga a trabajar.

Confía en el mágico poder de la imaginación. Narrar historias dispara la imaginación como ninguna otra cosa. Las películas y la televisión, incluso las obras de teatro, casi siempre nos niegan la posibilidad de participar, de imaginar. Narrar historias, en cambio, nos involucra. Por ejemplo, si el narrador dice que la princesa era hermosa, entonces piensas en la *hermosura* como tú te la imaginas, en lo que sea que la palabra 'hermosa' signifique para ti. Si te dicen que el villano era grotesco, te imaginas *grotesco* de una manera diferente a la que lo hace el que está sentado a tu lado. Eso es lo que hace del narrar historias algo tan especial. Todo el mundo saborea una historia de una manera diferente, la colorea con sus experiencias únicas e individuales. Las películas pueden ser mostradas a casas vacías. Los televisores pueden alumbrar en habitaciones solitarias (de hecho, eso suele suceder). Pero el narrar historias necesita de una audiencia. Tal como la historia y su narrador son inseparables, la audiencia y la historia también lo son. La manera en que una historia se cuenta hace la diferencia; lo mismo ocurre con cómo es escuchada.

DESAFÍO NÚMERO 9: TODAS LAS PREGUNTAS SON BUENAS PREGUNTAS

Ahora es el momento de recuperar aquella hoja del Desafío número 8, en la cual escribiste la pregunta que te pareció que creaba tensión en cada una de las historias de un minuto que te pedí leer. Compara lo que percibiste en estas historias con las siguientes preguntas, que son respuestas reales de las primeras tres personas a quienes les di la misma instrucción:

UN NIÑO ABRE LA PUERTA

Lector 1: ¿Qué hizo Robert Kennedy?

Lector 2: ¿Qué va a pasar cuando Robert Kennedy haga su primera aparición luego del asesinato de su hermano?

Lector 3: ¿Qué pasa cuando una persona vulnerable comete un error que hace daño?

SOLO UN PASO MÁS

Lector 1: ¿Por qué terminó?

Lector 2: ¿Quién es el último hombre en terminar la maratón y por qué persistió en ello?

Lector 3: ¿Por qué seguir adelante cuando todo está perdido?

CUANDO LA OTRA PERSONA ESTÁ BIEN

Lector 1: ¿Qué hizo Bárbara Walters?

Lector 2: ¿Por qué Bárbara Walters cedió y fue al show de Carson?

Lector 3: ¿Pueden ser solucionados los rencores entre amigos?

¿Tus preguntas son cercanas a algunas de estas? Así no lo estén, ¡has sacado 100% en el *quiz*! Pues veras, no hay respuestas incorrectas: *La manera en que una historia se cuenta hace la diferencia, lo mismo ocurre con cómo es escuchada.* Aunque yo mismo escribí esas historias, estoy seguro de que, si las leyera de nuevo en un año, me haría distintas preguntas de las que me hago ahora. Y eso está bien. Crecemos y cambiamos, y le agregamos distintas cosas a cada historia cada vez que la escuchamos. Este capítulo ha sido diseñado para ayudarte a mejorar tu habilidad de *hacer* una historia. En los capítulos que vienen, te voy a enseñar cómo *narrar* una historia de manera más efectiva. Recuerda, la tensión ocurre en la vida real; en una historia, la tensión es creada artificialmente. ¿Y cómo hacemos eso? Haciendo o insinuando una pregunta desde el principio. En el momento en que respondemos esa pregunta, la tensión se acaba y descubrimos algo.

He aquí otras cuatro historias de un minuto que ilustran la importancia de la tensión y el descubrimiento. Encontrarás que cada una involucra a una persona famosa, pero también hallarás inspiración en sus triunfos sobre la pobreza, la adversidad o el miedo.

¿QUÉ NECESITAS?

Tengo un amigo que, de niño, era tan pobre, que era transportado como un bulto entre sus familiares. Su única cama eran dos sillas unidas. Sus ropas siempre eran de segunda, llenas de remiendos.

Sin embargo, cuando se quedaba donde su abuela, se ponía a escuchar los silbidos de trenes distantes. Se imaginaba a sí mismo en uno de sus elegantes vagones. Hablaba mucho con su abuela y, una noche, ella le dijo: "No creo que estés satisfecho hasta subir a la punta de esa montaña y gritarle al mundo: '¿Qué necesitas?'".

Aunque no vivió para verlo, tenía razón. Con el tiempo, su nieto se hizo mundialmente famoso, reconocido no solo como uno de los grandes artistas de este siglo, sino también como el líder de una ardua batalla, a menudo frustrante, contra enfermedades que azotan la niñez.

Mi amigo es Jerry Lewis. Cuando lo veas en la próxima Teletón, ponle mucha atención. Aún sigue preguntando: "¿Qué necesitas?".

DECISIÓN DE TODA UNA VIDA

Tenía dieciséis años, era una estudiante con honores y estaba atrapada.

Su padrastro —a quien nunca parecía complacer— no solo no apoyaba sus estudios, también le prohibía participar en actividades del colegio.

Así que, cuando descubrió que se había ganado el papel principal en la obra escolar, le dio una opción: renunciar al papel o irse de la casa. ¿Qué podía hacer?

Años después, me contó que su dolor, en ese momento, fue tan grande, que tenía un color: morado profundo.

Sin embargo, su madre y algunas amigas intervinieron. Le ayudaron a irse de la casa, y llevó a cabo su papel en la obra.

Millones llegarían a conocerla como Melanie en *Lo que el viento se llevó* y muchos otros papeles. Se convirtió en una estrella y ganó dos *Academy Awards*.

No obstante, el papel más desafiante para la incomparable Olivia de Havilland pudo haber sido interpretado antes, frente a una audiencia más pequeña, hace muchos años en un musical de colegio.

"NO SOY MARLON BRANDO"

Como quería actuar, día tras día, semana tras semana, año tras año, atendía todo llamado de *casting* que pudiera con una esperanza: "Quizá esta vez sí". Aunque era rechazado con frecuencia, no se rendía. Los agentes se negaban a verlo. Los recepcionistas le pedían llenar una y otra vez sus largos formularios amarillos. Una vez, para ver si en realidad importaba, escribió allí el nombre de otro actor, Marlon Brando. Y nadie lo notó.

Se unió a una obra en St. Louis. Fracasó y regresó a Nueva York con el corazón roto. Durante todo este tiempo, había mantenido a su familia trabajando como maestro sustituto. "Ahora", pensó, "quizá deba enseñar tiempo completo".

Pero luego, otro actor, Burgess Meredith, lo incluyó en una obra. Un agente de Hollywood lo notó. Empezó a aparecer en películas y luego protagonizó un par de series de televisión de altísima audiencia, *All in the Familiy* y *Heat of the Night*.

Carroll O'Connor no es un éxito pasajero.

¿DE DÓNDE VIENE LA PRESIÓN?

Un amigo famoso alguna vez me dijo que la mayoría de las cosas que se dicen sobre la presión son tonterías. La presión, me dijo, viene de adentro —no de afuera— y se deriva de un miedo al fracaso.

Incluso me dio un ejemplo:

"Es el séptimo juego de la Serie Mundial, y estamos ganando 3 a 2 en la última parte del noveno. Tienen las bases llenas, dos *outs*. Es el turno de su mejor bateador. ¿Qué tal?

Si todos hemos hecho nuestro trabajo bien, cada jugador en el campo está pensando: '¡Quiero esa bola para mí! Voy a reaccionar tal y como lo he practicado mil veces. ¡Por favor, batéala hacia mí!'.

Si, en cambio, un jugador se dice a sí mismo: 'Caray, si la batean hacia acá y no logro atraparla, perderemos el juego y la Serie', ¿qué es lo que en realidad está haciendo? Está creando presión, porque está pensando en fracasar. Verás, solo cuando el jugador piensa de manera positiva puede lidiar con su miedo al fracaso".

Tommy Lasorda, que dirigió a los Dodgers de Los Ángeles durante dos décadas, sabe cómo es el juego.

También cómo es el béisbol.

9

Cómo usar
una historia

Ya sea que tengas una audiencia de una o de 10.000 personas —así le estés contando un chiste a un amigo o aceptando la nominación de tu partido para un alto cargo en una convención política— las mismas dos reglas aplican:

1. Escoge una historia para tu audiencia

2. Escoge una historia que te guste

Para ilustrar, he aquí dos historias de un minuto para ti:

EN LA TORMENTA

Él era un niño tímido y su más grande miedo era el agua. Le aterrorizaba, en particular, el agua oscura o brava.

Pero, una noche, siendo joven, caminó hasta la orilla del río Michigan durante una gran tormenta borrascosa. Se quedó ahí viendo las olas estallar a sus pies. Se prometió: "No puedo darle la espalda a esto. Debo enfrentar mi miedo".

Y así lo hizo.

En los años que vinieron, bucearía en cámara, nadaría con ballenas asesinas, navegaría el Océano Pacífico, volaría aviones y también planeadores, conduciría un auto, viajaría por la Antártida.

Ese pequeño niño se transformó en uno de los estadounidenses más arriesgados y uno de sus más populares ciudadanos. Irónicamente, la aventura más audaz de Hugh Downs no fue capturada en video: la noche en que se enfrentó a una tormenta.

PERMANECE EN EL RUEDO

Cuando el veloz auto atropelló a la hermosa mujer joven mientras cruzaba la calle, hizo volar su cuerpo a veinte pies del suelo, como un saco de papas. Su cráneo se partió en dos. Los doctores aseguraron que moriría. Sin embargo, sobrevivió a ese fatal diagnóstico, aunque debió usar un gran yeso durante un año.

Con el tiempo, se convirtió en la primera ejecutiva en dirigir un gran estudio de cine. Cuando, tres años después, renunció a *Paramount,* los expertos de Hollywood —al igual que los doctores— dijeron que estaba acabada.

Luego produjo una exitosísima película llamada *Atracción fatal,* sorprendiendo una vez más a los expertos. Cuando le pregunté a esta talentosa y valiente mujer por qué no se rendía, me dijo: "Todo el mundo fracasa. Todo el mundo tiene sus caídas, pero las personas altamente exitosas vuelven al ruedo. Permanecen en el ruedo".

Hugh Downs y Sherry Lansing ilustran el poder del cuarto de los siete pasos hacia la autorrealización:

EL CUARTO PASO HACIA LA AUTORREALIZACIÓN

1. Saber quién es el responsable

   Acepta la responsabilidad personal por tu comportamiento. Cuando dices: "Yo soy responsable", puedes construir una nueva vida, incluso un nuevo mundo.

2. Creer en algo grande

   Tu vida es digna de un motivo noble.

3. Practicar la tolerancia

   Te querrás mucho más a ti mismo y también lo harán los demás.

4. **Ser valiente**

   Recuerda: el coraje es actuar con miedo, no sin él. Si el desafío es importante para ti, se supone que debes estar nervioso.

El coraje es actuar con miedo, no sin él. Una de las más peligrosas equivocaciones de hoy en día, en especial entre la gente joven, es la falsa noción de que la valentía implica la ausencia del miedo.

Sherry Lansing dice: "Creo que la mayoría de gente no entiende la ansiedad y las dudas que tienen las personas altamente exitosas. El mito dice que quien es exitoso jamás es inseguro. La verdad, la mayoría de ellos son muy inseguros, pero utilizan su inseguridad como motivación. Como quieren sobreponerse a sus ansiedades, se esfuerzan el doble".

Hugh Downs es un excelente ejemplo. Cuando un día le pregunté sobre la valentía personal, sobre los increíbles riesgos que parece tomar, se llamó así mismo un "devoto cobarde" y luego me explicó que: "Para darnos la mejor oportunidad de tener éxito con cualquier riesgo, debemos prepararnos bien. Por ejemplo, siempre he sido así con la aviación. Siempre barajo las cartas a mi favor. Algunas personas se ríen cuando hago mi inventario, pues es muy meticuloso. No tengo ningún deseo de muerte. Me aseguro de todo. He visto a pilotos caer en desgracia por obviar detalles: una buena preparación reduce la ansiedad y las probabilidades de que algo salga mal".

Son buenos consejos, ¿no es así?

Cuando elaboras un plan, cuando te enfocas en las soluciones, tienes el control. Tu ansiedad, tu miedo y tu rabia se convierten en aliados que pueden ayudarte. No te olvides: si el desafío es importante para ti, se supone que debes estar nervioso:

El coraje es actuar *con* miedo, no sin él.

Pues bueno, agreguemos ahora una tercera regla a las dos que te di anteriormente sobre el arte de narrar historias:

TRES REGLAS FUNDAMENTALES PARA NARRAR HISTORIAS

1. Escoge una historia para tu audiencia

2. Escoge una historia que te guste

3. Practica esa historia que escogiste

Si escoges una historia por las dos buenas razones y te dedicas a practicar la narración —de nuevo, así se trate de un chiste a un amigo o de un discurso frente a miles—, esto hará que su impacto aumente enormemente. En el capítulo 18, te sugeriré cómo estructurar toda una charla. Pero, antes de llegar a eso, quisiera que hicieras un ejercicio.

Narrando historias, he descubierto que a veces es mejor ensayar y ver la manera en que la tensión se crea en distintos formatos.

Por ejemplo, veamos cómo utilizar una historia para hacer una introducción más convincente. Reconocerás las dos historias que vienen, pero te darás cuenta de que, al final de cada una, se ha hecho un cambio:

EN LA TORMENTA

Él era un niño tímido y su más grande miedo era el agua. Le aterrorizaba, en particular, el agua oscura o brava.

Pero, una noche, siendo joven, caminó hasta la orilla del río Michigan durante una gran tormenta borrascosa. Se quedó ahí viendo las olas estallar a sus pies. Se prometió: "No puedo darle la espalda a esto. Debo enfrentar mi miedo".

Y así lo hizo.

En los años que vinieron, bucearía en cámara, nadaría con ballenas asesinas, navegaría el Océano Pacífico, volaría aviones y también planeadores, conduciría un auto, viajaría por la Antártida.

Ese pequeño niño se transformó en uno de los hombres más arriesgados y populares de los Estados Unidos. Y está con nosotros esta noche.

Damas y caballeros, por favor recibamos a...

Hugh Downs.

PERMANECE EN EL RUEDO

Cuando el veloz auto atropelló a la hermosa mujer joven mientras cruzaba la calle, hizo volar su cuerpo a veinte pies del suelo, como un saco de papas. Su cráneo se partió en dos. Los doctores aseguraron que moriría. Sin embargo, sobrevivió a ese fatal diagnóstico, aunque debió usar un gran yeso durante un año.

Con el tiempo, se convirtió en la primera ejecutiva en dirigir un gran estudio de cine. Cuando, tres años después, renunció a *Paramount,* los expertos de Hollywood —como los doctores— dijeron que estaba acabada.

Luego produjo una exitosísima película llamada *Atracción fatal,* sorprendiendo una vez más a los expertos. Cuando le pregunté a esta talentosa y valiente mujer por qué no se rendía, me dijo: "Todo el mundo fracasa. Todo el mundo tiene sus caídas, pero las personas altamente exitosas vuelven al ruedo. Permanecen en el ruedo".

Y así lo ha hecho ella. Damas y caballeros, por favor recibamos a... Sherry Lansing.

Construyes tensión desde la introducción reteniendo el nombre del sujeto del que hablas hasta la última línea.

Si haces una introducción en la cual el nombre de la persona no es dicho sino hasta las palabras finales de la bienvenida —así sea o no famosa— creas tensión. Esto no solo hace una mejor introducción, sino que, de forma práctica, te permite llevar a la audiencia a aplaudir la primera vez que el nombre de la persona es anunciado, garantizando así que tu invitado de honor u orador sea recibido calurosamente.

Es terrible ser recibido en silencio. Puede que solo sean tres pasos hacia el podio, pero, cuando la sala está en silencio, esos pasos se hacen larguísimos.

Y hablando de silencio, quiero que te familiarices con uno de los aspectos más importantes del habla efectiva:

Cuando le pregunté a mi amigo Jerry Lewis por qué —luego de verlo hablar incontables veces— todavía me río cuando cuenta un chiste que ya conozco, me dijo: "No es el chiste lo que te hace reír, es el *contexto*".

El consejo que me dio Jerry sobre el contexto, cuando estaba ensayando para mi charla en el Teatro Ford en 1992, fue tomarlo con más calma. "El tiempo es distinto en el escenario", me dijo, y rápidamente entendí por qué tenía tanta razón: incluso un segundo le parece mucho más largo a quien habla que a cualquier otra persona en la audiencia, y cada orador descubre que una pausa en tarima parece eterna. Sin embargo, las pausas son esenciales para el habla efectiva, pues *las pausas atraen nuestra atención*.

El más fuerte sonido en lengua española es el silencio.

DESAFÍO NÚMERO 10:
PARA SER MÁS EFECTIVO, TOMA UNA PAUSA

Creo que disfrutarás de las tres partes de esta tarea. Primero, lee en voz alta *En la tormenta* y *Permanece en el ruedo* como si estuvieras introduciendo a Hugh Downs y Sherry Lansing. Este ejercicio funciona mejor si puedes grabarte y luego revisar tu trabajo. Lo más importante es que practiques algunas pausas de dos o tres segundos en varias partes de cada historia.

Por ejemplo, "Él era un niño tímido [PAUSA] y su más grande miedo era el agua". O: "Él era un niño tímido y su más grande miedo [PAUSA] era el agua". O puedes intentar: "Él [PAUSA] era un niño tímido y su más grande miedo era el agua". Diviértete con eso. No dudes en tomar una pausa donde te parezca, pero asegúrate de que, cuando llegues a la última frase de cada historia, lo digas tanto *con* como *sin* una pausa. "Damas y caballeros, por favor recibamos a... [PAUSA] Hugh Downs". "Damas y caballeros, por favor recibamos a... Hugh Downs".

En segundo lugar, quisiera que vieras a algunos tipos graciosos: *stand-up comedy*. Puedes escoger *shows* de la noche o especiales de comedia o un canal de comedias. O, si puedes sacar el tiempo, visita un club de comedia. En cualquier momento, en cualquier lugar, estudia rutinas de los más graciosos comediantes de *stand-up* que puedas encontrar. *Advierte sus pausas.* Te darás cuenta de que muy pocos, en realidad, cuentan chistes o historias. En cambio, las rutinas, por lo general, son una estructurada serie de líneas que establecen y líneas que rematan:

El comediante, viendo que el auditorio está medianamente lleno, dice:

Línea que establece: "¡Wow!, esta debe ser una ciudad adinerada".

[PAUSA]

Línea de remate: "Veo que cada uno de ustedes compró cuatro o cinco asientos".

En tercer lugar, durante los próximos siete días, siempre que sea humanamente posible, de forma consciente, inserta pausas en tu conversación y observa con cuidado las respuestas de tus escuchas. Haz lo mismo en tu trabajo, con tu familia, en la lavandería, en el supermercado, siempre que tengas una oportunidad. Para alargar las pausas, a mí me ayudó contar en mi cabeza cada vez que paraba, "uno, dos tres". Ahora, no vayas a intimidarte con esta parte de la tarea. Sé que este ejercicio, más que cualquier otro, te ayudará a sentir el increíble poder del silencio, la manera en que un silencio bien puesto puede atraer y conservar la atención de alguien. Por favor, no te preocupes por "hacerlo bien". Solo hazlo.

10

¿Por qué estoy tan enojado?

Vamos a revisar un párrafo del principio del capítulo 1:

Sé valiente: el curso completo para desarrollar confianza en ti mismo, anclado en experiencias prácticas de vida, te servirá porque *podemos* transformarnos. La verdad es que tú y yo, cada día, definimos quiénes somos por medio de las decisiones que tomamos y, por lo tanto, elegimos lo que queremos ser. Yo me construyo a mí mismo. Y tú también. Tú y yo no somos lo que comemos, somos lo que *pensamos*. La confianza, por definición, es una actitud, y tu actitud frente a las personas y las situaciones, tal como la mía, está sujeta a cambios. Aquí vas a aprender cómo cambiar un set de percepciones por otro. El mundo seguirá siendo el mismo, pero la manera en que lo *verás* será distinta.

Cuando te pedí que escucharas de cerca el lenguaje de los otros como parte del desafío número 2: No intentar, estoy seguro de que pudiste ver hasta qué punto sus palabras limitaban o ampliaban su mundo: la expresión "no puedo" cierra la puerta para siempre, ¿no es así? Por otro lado, "No me ha sido posible..." deja abiertas algunas posibilidades.

El título *Sé valiente: el curso completo para desarrollar confianza en ti mismo* presenta una opción similar de lenguaje. ¿Por qué lo escogí? Escuché esta expresión por primera vez, por parte de un instructor de perforación en Parris Island, Carolina del Sur, en el otoño de 1961. Él hablaba de "el curso de la confianza" y, como nos explicó, consistía en una sucesión obstáculos, líneas y agua turbia que tanto yo como el resto de la tropa de Marines debía conquistar. El sargento estaba tan convencido como determinado a que todos nosotros, en efecto, domináramos ese curso. Confiaba en que triunfaríamos.

Tenía razón. Gracias a su motivación, dominamos a la bestia. ¿Qué aprendí de trepar cuerdas, de saltar encima y por encima de troncos? Por un lado, los Marines tenían razón al llamar a esta prueba un curso de *confianza* y no un curso de obstáculos, pues, en realidad, ese era su propósito: "Si puedo pasar ese tronco, puedo hacer cualquier cosa". Ese día, los obstáculos eran la oportunidad que tenían unos jóvenes reclutas de ganar confianza; cada día los *obstáculos son una oportunidad de ganar confianza*.

Cada vez que anteponemos —aunque sea por un momento— sentimientos de vulnerabilidad e inferioridad sobre la ansiedad y el miedo al fracaso, no quedamos a la par. No somos lo que en verdad somos; vamos adelante. Con cada obstáculo que conquistamos, nos volvemos más grandes. Considera de nuevo las lecciones que has aprendido de tu diario: ¿Acaso esa experiencia no te llevó a cambiar un set de percepciones por otro? El mundo sigue siendo el mismo; es tu actitud la que ha cambiado.

* * * *

Ahora vamos a analizar la manera en que nuestras actitudes y opiniones se forman y a veces interfieren en nuestro camino. Como diría mi viejo instructor de perforación, es más fácil superar un obstáculo que puedes ver. También vamos a echar un vistazo a una poderosa emoción —la ira—, qué es y qué podemos hacer con ella. Vamos a ir más lejos con la narración de historias, enfocándonos ahora en algunas técnicas simples y fáciles de aprender para atraer y conservar la atención de alguien.

Para ganar confianza, es útil, por supuesto, reconocer cómo es que hemos llegado a ver el mundo como lo vemos, cómo nos vemos a nosotros mismos y a los demás. Sin embargo, avanza con precaución. Lo que estás a punto de leer puede ser más desafiante y perturbador para ti que cualquier otro pasaje que hallas leído en *Sé valiente: el curso completo para desarrollar confianza en ti mismo.* ¿Por qué? Porque te estaré preguntando de nuevo qué tan enraizadas están en tu personalidad las viejas y familiares maneras de hacer las cosas, y este esfuerzo, como la cirugía, puede doler mucho antes de ayudar.

En 1965, cuando regresé de Vietnam, vi a mi país dividido por dos actitudes opuestas frente a esa guerra, dos grupos que percibían fuertemente la misma "evidencia" de maneras, por entero, distintas. Tres décadas más tarde, en 1995, millones de estadounidenses presenciamos de nuevo una división nacional cuando el exfigura del fútbol americano O.J. Simpson fue juzgado y finalmente absuelto por asesinato.

Si tenías la edad de hacerte una opinión en 1965, ¿qué fue lo que sentiste en el momento de la Guerra de Vietnam?

¿Por qué?

En 1995, ¿qué sentiste cuando el veredicto del jurado fue que O.J. Simpson no asesinó a su exesposa y su amiga?

¿Por qué?

¿Tu sentimiento es fuerte? Seguro que puedes reconocer que las personas que tienen una opinión distinta a la tuya tienen un sentimiento igual del fuerte. ¿Cómo llegamos a esto? ¿Cómo es que dos grupos de personas pueden ver el mismo evento —y ser testigos de los mismos hechos— de una manera tan distinta?

Nosotros aprendemos.

Imagina que tu mente es una puerta. Primero, la puerta está tan abierta como puede estarlo. Sin embargo, cuando te damos alguna información, se *cierra* un poco. Alguien te hace una pregunta de lo que has aprendido —llevándote a asumir una posición— y la puerta queda apenas abierta, si es que no se cierra del todo. Has empezado a aceptar información que apoya tu punto de vista y rechazas aquella que lo desafía. Tú, amigo mío, has formado una actitud.

Todas las actitudes, ya sean tan corrosivas como el odio o tan grandes como el amor, son los resultados del mismo proceso. Y ese proceso es *aprender.* Por ejemplo, reflejamos actitudes cuando nadie puede persuadirnos de entregar nuestra libertad o hacernos creer que no somos dignos de respeto.

Inevitablemente, nuestras actitudes forman nuestro comportamiento. Si preferimos un partido político, es probable que seamos más tolerantes con las características únicas y diferentes de sus miembros. Quizá digamos: "Esta es nuestra gente". Por otro lado, las pequeñas faltas de individuos de partidos opuestos son seguros objetivos de desprecio.

Vemos lo que creemos que vemos.

Así, el anoréxico, que es tan delgado, se ve a sí mismo gordo; la hermosa estrella de cine dice: "Soy horrible" cuando nota que tiene un pequeño barro en su rostro; el pesista suspira y dice: "Soy débil", porque no ha sido capaz de levantar un peso descomunal. En contraste, cuando la niña de la siguiente historia de un minuto fue confrontada por obstáculos, pudo ver una salida:

LA PEQUEÑA NIÑA QUE PUDO

La pequeña niña vivía con su hermana y su abuela en una habitación pequeña y destartalada, en un edificio en la esquina de Yucca y Wilcox en Los Ángeles, a tan solo una cuadra del famoso Hollywood Boulevard.

Sus padres, que vivían separados, eran alcohólicos. Su abuela podía calificarse como, digamos, excéntrica. La vida para esta niña solía ser ruidosa, confusa e impredecible.

Sin embargo, descubrió que podía escaparse cuando el mundo se volvía demasiado desagradable, que podía cerrar sus ojos y, a través de su imaginación, viajar a un mejor lugar, a una tierra de fantasía donde podía ser lo que quisiera. "Soy...", pensaba, ¡y lo era!

No obstante, su vida real se volvería mejor que su más grande fantasía. Hoy en día, Carol Burnett —un talento y una persona de clase mundial— es una de las estrellas más queridas en los Estados Unidos.

Carol Burnett es original, al igual que tú. Comparto su historia contigo como inspiración, no para que la imites. ¿Puedes imaginar lo distinta que habría sido la vida de Carol si hubiese permitido que los desafíos de su niñez dictaran sus decisiones? Carol halló una manera de salir adelante. Tú también puedes hacerlo.

¿Qué es la confianza? La confianza es una actitud.

DESAFÍO NÚMERO 11: IMAGÍNATE DISTINTO

Si tuvieras que escoger una de tus opiniones que pueda incomodarte a ti o a alguien más, ¿cuál sería? Un estudiante me dijo que siempre había esperado que los hombres tuvieran mayor poder de decisión que las mujeres. Otro estudiante describió sus intensos sentimientos sobre las diferencias raciales, que sabía que estaban mal, eran irracionales y lo hacían sentirse avergonzado. Otro habló de la pobre opinión que tenía de sí mismo y resumió sus pensamientos en esta pregunta: "¿Cómo puedo superar el miedo a estar solo y ser responsable por mí mismo luego de una vida entera de recibir cuidados de los demás?".

He aquí la tarea: quisiera que tuvieras momentos de silencio para ti solo; recuéstate a pensar en cómo te comportarías si creyeras en cosas distintas de las que ahora crees. ¿Cómo sería tu comportamiento si tuvieras otra opinión? (Por ejemplo, ¿cómo se comportaría el último estudiante en una determinada situación si no tuviera miedo?) Hay una segunda parte de este ejercicio que vendrá luego, en el desafío número 15. Por ahora, tómate tu tiempo —si quieres, consúltalo con la almohada— y recuerda imaginarte distinto en acción.

¿Qué tan enfadado estás?

Estaba enfadado, *predispuesto* a estarlo, durante la gran mayoría de mis años adultos. Aunque no estaba al tanto de lo profundo que había sido marcado, la ira y la violencia que había cultivado cuando niño me habían preparado para ver el mundo —para anticipar el comportamiento de los demás— a través de una óptica muy restringida. Mis posibilidades de escoger estaban mucho más limitadas de lo que podía saber. Esto nunca fue más evidente que en una noche, hace más dos décadas, en que caminaba con mi esposa, Loretta, por una calle de Manhattan:

Mi esposa, que tenía siete meses de embarazo de nuestro segundo hijo, debía caminar más despacio que todos los fans de hockey que salían a borbotones del *Madison Square Garden*. Era una noche inusualmente cálida del año 1974. La multitud se había disuelto en el momento en que doblamos una esquina y, a una cuadra de nuestro auto, vi el peligro.

Frente a nosotros había un grupo de cuatro o cinco adolescentes tirándose puños y patadas de karate los unos a los otros. Ocupaban el estrecho andén y parecían ajenos a cualquier transeúnte que pudiese resultar perjudicado por sus ruidosas payasadas. A medida que nos acercábamos a ellos, empecé a oír mi corazón latir. Miré a mi esposa embarazada. *Nadie*, pensé, *nadie va a tocar a mi esposa*. El calor ascendió por mi columna vertebral y llegó a mi cuello. Mi corazón latía más rápido, mi respiración se aceleró, mi mandíbula se endureció. Ya no era un precavido editor de diarios. Era un niño de siete años que, con sangre fluyendo de su cara, no iba a entregar su comida a dos matones callejeros; era un niño de quince años que sabía cómo tirar un gancho derecho; era un sargento Marine de veintiún años en Vietnam. Yo protegería a mi hijo. A tan solo unos pasos de los adolescentes, me adelanté y puse mis manos en los hombros de dos de ellos, apreté mis dedos, los acerqué a mí y luego los separé. "Cálmense...", les dije, con mi voz dura y fuerte. Los adolescentes se miraron unos a otros, no dijeron nada, se hicieron a un lado y nos dejaron pasar.

Cuando llegamos a nuestro auto y entramos, mi corazón seguía latiendo con fuerza y mi frente estaba húmeda. Empecé a temblar.

Loretta se acercó a mí, me tomó de la mano y dijo: "Podríamos haber cruzado la calle".

Me quedé en silencio, mis manos se deslizaron lentamente por el volante. Estaba confundido. ¿Hice lo correcto? Nunca se me habría ocurrido cruzar la calle. Vi a los adolescentes pasar y ya no parecían una amenaza, solo eran niños. *Podríamos haber cruzado la calle.* ¿Y si hubieran estado armados? Había puesto en riesgo a mi esposa y a mí. ¿Por qué escogí la violencia?

Unos minutos después, mientras andábamos en el auto en silencio, dije con suavidad: "Tienes razón".

11

Superando la ira

La ira es hija de la frustración. No nacemos enojados. Lo aprendemos casi inmediatamente. Más aún, la ira y la violencia no hacen distinciones de clase. En cada nivel de la sociedad, una ira descuidada ha provocado violentas explosiones, agresiones y fuertes insultos, asesinatos y suicidios. Ha causado y agravado problemas físicos como dolores de cabeza, tensión alta, ataques al corazón y úlceras. Con frecuencia, está escondida en quejas y reclamos. Incluso es posible que, como lo piensan muchos psiquiatras, una condición emocional agobiante como la depresión a veces se trate de ira *reprimida*.

Cuando éramos niños, nuestros deseos eran rápidamente satisfechos, pero no pasó mucho tiempo hasta que debimos ajustarnos a la voluntad de otros y a vivir con la frustración de que las cosas no fueran como queríamos. Aprendimos a comer y dormir de acuerdo con un horario asignado por otros. Se nos obligó a utilizar utensilios extraños para comer, aunque nuestros dedos funcionaban bien. Incluso nuestras vejigas debieron ser disciplinadas. En los años que siguieron debimos aprender a adaptarnos más y más a la escuela, al trabajo, a las demandas de alguien más. Incontables veces se nos ha dicho que controlar nuestro temperamento es una muestra de madurez. Entonces, ¿debería sorprendernos que, con frecuencia, escondamos o incluso neguemos nuestra ira?

No obstante, aunque sea importante ejercitar la moderación, solo es la mitad de la historia. Mientras que estudiamos en detalle la fealdad de la ira —y seguiremos examinando sus peligros más adelante en este capítulo— con frecuencia nos negamos a reconocer su lado positivo: la ira puede ser una afirmación de que existimos, de que algo nos importa.

¿Por qué estoy tan enojado?

Hacerse la pregunta inicia el proceso de hacer de la ira, como de la ansiedad, un aliado en nuestras vidas. La ira nos puede hacer mejores, puede motivarnos a alcanzar objetivos nobles y —más importante aún— puede ser un invaluable sistema de alarma en nuestra vida diaria. La ira es, en últimas, una forma de *energía*. Dirigida de forma adecuada, esta energía puede ayudarnos a advertir preocupaciones legítimas, puede darnos el empuje necesario para enfrentar algunos de los desafíos más duros de la vida.

Cuando un ciudadano le da un puñetazo a la mesa en la reunión del consejo de la ciudad y levanta su voz para condenar la injusticia, en realidad dice a gritos que está preocupado, que está dispuesto a decirlo en voz alta, que es capaz de vencer el temor a expresar su ira, que de veras cree que puede hacerse el bien.

La ira hace que las cosas pasen. Es la energía que inspira actos creativos. La ira es el empuje que te hace pedir un aumento, la ráfaga que lleva al atleta agotado a correr hasta la línea final, la pulsión que te lleva a encontrar un mejor trabajo o una mejor vida.

¿Cómo hacemos para que la ira funcione a nuestro favor?

Primero que todo, admite que estás enojado. ¿Parece fácil? Con frecuencia nos lo negamos, en especial cuando parece plenamente egoísta o irracional. La ira sin restricciones que un niño pequeño puede exponer en la muerte de su madre ("¡Me ha dejado solo, la odio!") es más fácil de comprender que la frustración que sentimos cuando un jefe no nos trata como uno de la familia o cuando debemos esperar en la fila. Más que decir las palabras, siéntelas: "¡Estoy enojado!".

En segundo lugar, analiza la ira. ¿Cuál es la frustración? Cuando estás atorado en el tráfico, el problema está fuera de tu control, está allá afuera, en la carretera, y no hay nada que puedas hacer al respecto. Cuando hiere tus sentimientos que tu maestra no te trate como tu madre, pregúntate: "¿Es apropiada mi ira?". Sé honesto; esto es difícil. La respuesta puede acabar con tu ira. Por otro lado, si se te niega un ascenso por tu sexo, raza, edad o nacionalidad, tu ira es apropiada y útil.

En tercer lugar, lidia con la ira. Si estás detenido en el tráfico, estás atorado. La respuesta es aceptarlo, pues es todo lo que puedes hacer. Es ahí cuando todas esas lecciones sobre controlar tu temperamento tienen sentido. Toma un respiro profundo. Relájate. Nadie más se está moviendo. Sin embargo, si un ascenso te ha sido negado de forma injusta, la ira está lista para funcionar a tu favor. La adrenalina fluye, la sangre está corriendo, nunca has estado más alerta. No desperdicies esa energía preciosa en hacer bullicio por la injusticia de la que has sido víctima: "¡Ay, pobre de mí! ¡Cómo sufro!". En cambio, mientras que la ira te tiene atento, explora las posibilidades y oportunidades. ¿Debes callar o pelear? Si eliges la primera, empieza tu investigación de forma activa. Si decides pelear, entérate de cómo han triunfado otros que estuvieron en tu situación, luego procede. Enfócate un una solución, y la ira será tu aliada.

Déjame hacer énfasis, una vez más, en las opciones que la ira nos da: podemos sublimar esa energía en actividades positivas como resolver problemas, trotar, reorganizar los muebles o trabajar más duro. Podemos hacer una escultura o escribir un poema. O podemos dejar salir la ira pateando una silla, gruñendo, castigando injustamente a un niño, maltratando a los compañeros de trabajo o desquitándonos con nuestra esposa. Lo que sea que hagamos, algo sucede con esa energía, algo que nosotros determinamos.

Hemos estado enfocándonos principalmente en la ira como una reacción inmediata a una situación o frustración. Ahora echemos un vistazo a otro tipo de ira: la ira *crónica*, una *predisposición* a la rabia; en otras palabras, la *actitud* de la rabia.

Cuando era un joven adulto, como lo ilustra la historia del *Madison Square Garden*, estaba crónicamente enojado, lo cual quiere decir que estaba listo para reaccionar con ira a la más pequeña provocación. Afortunadamente, he sido capaz de cambiar esta actitud a través de los años. Si no hubiera querido o no hubiera podido, *Sé valiente: el curso completo para desarrollar confianza en ti mismo* no existiría (¡o al menos, con seguridad, no estaría escrito por mí!). Después de todo, la ira crónica es corrosiva, destruye vidas.

Las personas con ira crónica juzgan y rápidamente ven amenazas en los demás. Tienen una necesidad inmensa de control. Tristemente, incluso cuando logran tener el control, no obtienen satisfacción duradera. Esta también es, por supuesto, la descripción de un matón. Así que no es de sorprenderse que un adulto con ira crónica describa a los niños, incluso a los suyos, como desafiantes, mimados, inmaduros o malcriados, cuando, irónicamente, son este tipo de personas las que más exhiben un inhabilidad infantil a la hora de lidiar con la frustración. Cuando yo era un niño pequeño, mi abuela me enseñó que debía evitar los refriados y la gente enojada; sin saberlo, ella estaba haciendo mucho más que hablarme a mí: estaba hablando *de* mí.

Sí, *de mí*.

Para transformarme, tuve que admitir una dolorosa verdad: que era una persona enojada. También debí admitir que era responsable de ser quien era (ahora sabes de dónde viene el primero de los siete pasos hacia la autorrealización). Habiendo entendido eso, fui capaz de aprender algunas cosas que espero sean tan útiles para ti como lo han sido para mí:

Primero, *yo puedo cambiar*. Y tú también.

Luego, capté lo obvio: no es divertido estar enojado. Mi ira me incomodaba. Cuando estaba furioso, experimentaba muchas de las reacciones físicas que tenía cuando estaba ansioso o asustado: el corazón me latía más rápido, el pulso me incrementaba, sentía una ráfaga de adrenalina. Y, como si fuera poco, no me quería mucho a mí mismo cuando estaba enojado y casi siempre me sentía mal después de haber estado así.

Con el tiempo, empecé a entender que *el que te enoja, te conquista.* Por ejemplo, si estaba furioso con alguien, no podía dormir. Y mi enemigo, en cambio, dormía como un bebé. Entonces, ¿por qué me dolía la ira?

A través de los años, cuando empecé a examinar de forma honesta la razón por la que había crecido tan enojado, me di cuenta de que mi ira generalmente venía de una de dos frustraciones personales: o pensaba que no sería capaz de alcanzar una determinada meta o sentía que no podía evadir una circunstancia incómoda. Si no podía tener algo que quería, lograr un objetivo, hacer las cosas a mi manera en una determinada situación o controlar el comportamiento —o incluso los pensamientos— de otras personas, me enfurecía. Viendo hacia atrás, era como el niño que hace un berrinche porque quiere el juguete que está en la vitrina. Cargaba con una tarea inútil e irremediable: controlar el mundo a mi alrededor. Empecé a reconocer que lo que en realidad debía controlar era a *mí.* Yo —y nadie más— era el responsable de sentirme así: la manera en que percibía una situación hacía que mi ira se encendiera. Los otros no veían necesariamente lo que veía yo. Y peor aún, ¡a veces estaba totalmente equivocado! Era yo quien no me daba cuenta de que podía cruzar la calle. Finalmente, tuve una revelación:

La mayoría de las veces, la ira es una decisión.

Si has luchado —y sufrido— con la ira, como lo he hecho yo, creo que encontrarás útiles estas diez sugerencias para lidiar con algunos de los momentos más frustrantes de la vida:

DIEZ MANERAS PARA SUPERAR LA IRA

1. Tiempo fuera

Deja que el tiempo y la distancia te separen de la fuente de tu frustración. Un colega del trabajo tenía un genio tan difícil como el mío, pero nos necesitábamos para tener éxito. ¿Cómo nos las arreglamos? Cuando alguno de los perdía la paciencia, el otro levantaba su mano y la discusión de ese tema cesaba. Cuando podíamos discutir de nuevo el tema de forma calmada, empezábamos de nuevo. Al principio, parecíamos dos estudiantes en un salón tratando de llamar la atención del profesor. Las manos se alzaban una y otra vez en el aire. Sin embargo, luego de unas semanas, las manos se levantaban cada vez menos. En unos meses, las manos ya no se elevaban, y ninguno de los dos habló de eso durante todo un año.

Cuando puedas hacerlo, *aléjate*. La ráfaga de adrenalina que sientes, normalmente, disminuirá o se irá en veinte minutos, en especial si realizas alguna actividad física como caminar o ejercitarte. Así, toma un tiempo fuera y pon tu cuerpo en movimiento.

El movimiento ayuda.

2. Déjalo ir

¿Puedes acomodarte o comprometerte? Los adultos inteligentes y con confianza lo hacen. La cuestión no es si debes acomodarte, sino si *puedes* hacerlo. ¿Eres como las mulas o puedes encontrar una alternativa? Si eres inflexible, como solía ser mi caso, pregúntate si estás luchando por aferrarte a tu ira, insistiendo para tener control, o tratando de resolver un problema. ¿Estás esforzándote para probar que tu manera de hacer las cosas es la única? Si tienes una actitud iracunda, probablemente también eres terco.

Déjalo ir: no puedes solo si dices que no puedes.

3. Negocia

Busca un terreno común. Mantén la discusión sobre el tema en cuestión, no te pases a lo personal. Si le pones apodos a la otra persona o demeritas su comportamiento u opinión, se pierde la confianza mutua. No te engañes: si te sales con la tuya en un desacuerdo ridiculizando a la otra persona, solo has convencido a esa persona de tu poder *por el momento*. Y te has hecho un adversario que, cuando tenga la oportunidad, te pondrá en tu lugar.

Solemos recordar a las personas que nos hieren.

Negocia, no manipules. Pregúntate: "¿Sinceramente, estoy hablando a favor de los intereses de otra persona o tan solo estoy tratando de justificar mi posición? ¿Estoy tratando de descubrir la mejor manera de resolver nuestras diferencias o estoy tratando de ganar?".

4. ¡Cuidado con tu lenguaje!

Si hablas con términos extremos, usando palabras como "nunca" o "siempre", deja de hacerlo. Con frecuencia, las palabras extremas son empleadas como una amenaza: "¡Nunca podré aceptar esto!". Si usas palabras de advertencia o amenazas, solo triunfarás en un sentido: tu intención será entendida. Y, como cuando ganas por medio de la intimidación, poniéndole apodos a alguien, cada vez que abrumes a otra persona, puedes esperar que todo eso se te devuelva. La mayoría tiene amplia memoria para esto, en especial cuando deben lidiar con la humillación para sobrevivir al momento. De igual manera, como ocurre con el "no puedo", tu lenguaje define tu mundo.

Si te dedicas a buscar palabras constructivas y positivas para enfrentar las situaciones, entonces pensarás de forma constructiva y positiva: eres lo que piensas.

5. Escucha

Para empezar, puedes estar mal. Pero eso solo lo sabrás si apaciguas tu ira mientras escuchas. Pregúntate: "¿Cómo hago para ver esto de una mejor manera desde su punto de vista?". Si escuchas con cuidado, encontrarás que hay una agenda escondida. Por ejemplo, cuando un niño se comporta mal para atraer la atención, un padre amoroso analiza el comportamiento inapropiado y las razones que hay detrás de ello. Quizá tendamos a olvidar la profunda verdad que hay en esa comprensión cuando somos adultos, a veces a un alto riesgo.

Cuando un esposo se pone furioso con su mujer por un pequeño desliz —llegar unos minutos tarde a una comida—, es probable que el problema no sea el incidente, sino la percepción de que la tardanza es un ejemplo de cómo ella ignora sus sentimientos. Ella haría bien en escuchar cuidadosamente y descubrir las verdaderas razones del estallido de su esposo; y él haría bien en expresar sus verdaderos sentimientos.

Ambos deberían examinar su comportamiento y las razones detrás de él.

6. Abraza

Sí, dije *abraza*. Si estás enfadado con alguien, abrázalo. Y hazlo de verdad. Quizá no quieras abrazar, lo cual es una razón aún mayor para hacerlo. Es difícil estar enojado cuando alguien te muestra que te ama, y eso es precisamente lo que pasa cuando nos abrazamos. Si estás en una situación en la que un abrazo físico sería un comportamiento inapropiado —por ejemplo, estás en una batalla campal con un colega de negocios o un supervisor— utiliza palabras para abrazar: "María, quiero que sepas que tu amistad (o liderazgo) es más importante para mí que esto que me tiene (o te tiene) tan molesto. Quiero que sepas lo mucho que aprecio y necesito tu amistad (o liderazgo). ¿Crees que podemos tomar una pausa de cinco minutos? Necesito una. Estoy seguro de que podré ver esto de manera más clara —y con seguridad hallar una mejor manera de compartir mis preocupaciones— si descansamos unos minutos".

7. Discúlpate

Como lo exploramos en el capítulo 7, los errores son una parte natural y valiosa de la vida. Cuando intentamos ocultar nuestros errores, con frecuencia fracasamos. Nuestra ira crece: nos molesta que cuestionen nuestro comportamiento, nos volvemos intolerantes, prevenidos e incómodos.

Tómalo con calma, amigo mío. Di "lo siento" cuando te equivoques. Ese simple reconocimiento disminuirá tu ira como una gota de lluvia en un fósforo encendido, pero más rápido. Más aún, cuando te disculpes con sinceridad, acepta le responsabilidad de tus actos: *tienes el control.* Con respecto a quién se queda con la última palabra de un desacuerdo que te tiene con los humos en la cabeza, deja que la otra persona la tenga. En más, haz de ese tu objetivo noble: asegurarte de que la otra persona tenga la última palabra. *La única manera certera de ganar una pelea es evitándola, y la única manera certera de prolongarla es buscando tener la última palabra.* La discusión es una mariposa; la disputa es una pulga de arena. ¿Cuál de las dos te gustaría tener en tu picnic?

8. Mantén la perspectiva

He sido testigo de catástrofes humanas, por lo tanto, reconozco que hay una inmensa diferencia entre las molestias y los problemas. Llegar unos minutos tarde, encontrar que se manchó tu chaqueta, que se rompió tu grifo o que el paquete equivocado fue entregado en tu casa son molestias. Enfrentarse a un cáncer terminal, vivir con Alzheimer o Sida, el flagelo de la guerra y la pobreza son problemas. La molestia es perturbación; los problemas son algo serio. Guarda tu energía para los grandes sucesos. Muchas de las cosas que nos enfurecen solo son molestias.

Para mantener la perspectiva, siempre es sabio preguntarse: "¿Qué es lo peor que puede pasar?".

9. Haz un plan

¿Cómo vas a lidiar con la persona o la situación que te provoca ira? Primero, pregúntate: "¿Qué quiero lograr?" (si tu respuesta es "herir a alguien", no estás listo para hacer un plan. Cálmate: respira profundo, sal a caminar, deja que un poco de esa adrenalina se disuelva. Cuando te hayas relajado lo suficiente para ver que la mejor meta es resolver la situación —y no cobrar venganza por el dolor que sientes o lastimar a otros porque estás enojado— puedes seguir adelante). Sigue haciéndote preguntas: "¿Qué necesito? ¿Acaso una resolución requiere de la ayuda de alguien más? ¿Qué puedo hacer para resolver el problema o calmar la situación? ¿Cuáles son mis opciones? ¿Qué adaptaciones razonables puedo hacer?".

Escribe un plan. Estarás absolutamente sorprendido con lo bien que te hará: *tendrás el control*.

Algunas veces el plan puede ser algo tan sencillo como decidir cuáles serán las palabras que emplearás en una situación venidera: imagina lo que los demás dirán y cómo responderás a eso. Ten en cuenta que tus palabras deben ser escogidas —escritas con anterioridad, si así lo quieres— para aligerar la tensión y para mantener a todo el mundo enfocado en hallar una solución. Si crees que la otra persona puede decir: "Me molesta lo que has hecho, pues hirió mis sentimientos", prepárate de antemano para no responder: "Eso es ridículo". Al pensar en ello antes, reconocerás que la declaración del dolor de otra persona es una oportunidad. Así que expresa tu arrepentimiento, acepta la responsabilidad por lo que has hecho y busca la manera de hacer que esto que ha ocurrido entre ustedes dos, como colegas de trabajo, no vuelva a pasar.

Ahora, salgamos de algo antes: si deshechas la expresión sincera de otra persona, tu verdadero objetivo es herir, no sanar. No dejes que tu ira hable por ti. Planificar te ayudará a elegir tus palabras y pensamientos de una manera más cuidadosa. Por ejemplo, si piensas antes, no dirás algo como: "No te enojes". Decirle a alguien que está enojado que no se enoje es como decirle alguien que está asustado "No estés asustado". Él ya sabe que no le gusta lo que está sintiendo. En lugar de eso, *dale una razón para disminuir su ira o su miedo*. Eso sí puedes hacerlo.

Si tu ira surge de los negocios —quizá de una situación con otro empleado del trabajo o un error en una cuenta telefónica de tu hogar— decide con quién debes hablar, averigua cuándo está disponible esa persona, reúne el material o la información necesaria para resolver esa pregunta y determina el orden en que vas a actuar.

De nuevo, escríbelo: *haz un plan*.

10. Pide ayuda

Dependiendo de tu necesidad, esto puede ir desde amigos y familiares hasta consejeros profesionales. La buena noticia es que, si tienes una actitud iracunda —si eres tan predispuesto a estallar como lo era yo—, hay ayuda disponible. Buscar ayuda es una señal de fuerza, de madurez, de coraje, no de debilidad. Sé que estarás encantado —y probablemente sorprendido— con la cantidad de personas, en especial amigos y familiares, que están dispuestos a ayudarte si tan solo lo solicitas. Hablar de tus sentimientos con alguien en quien confías no solo te hace sentir mejor, también te ayuda a ir a la raíz de tu problema. ¿Recuerdas el ejemplo que di sobre los padres amorosos, de la manera en que responden al comportamiento del niño y a las razones que hay detrás de ello?

Sé tu propio padre amoroso. Pide ayuda.

DESAFÍO NÚMERO 12: TU REGISTRO DE LA IRA

Como lo hiciste con tus preocupaciones en el desafío número 3, ahora lleva un diario de las situaciones y las personas que te provocan ira. En otras palabras, anota y describe las veces en que te enfureciste. Registra lo que sucede, por qué te molestaste, cómo te sentiste. Si haces esto durante tres o cuatro semanas, no tendremos que volver sobre ello en *Sé valiente: el curso completo para desarrollar confianza en ti mismo*. Encontrarás que, aunque no puedas resolver cada problema que te enfurece, tu confianza aumentará y tu actitud cambiará.

12

Cómo amar y ser amado

No estamos hechos para vivir entre extraños.

Social y biológicamente, los seres humanos están hechos para vivir en pequeños grupos —familias, clanes y tribus— y a conocerlos a todos desde su nacimiento hasta su muerte. Sospecho que nos parecemos más a los lobos o a los chimpancés que a las abejas o a las hormigas. Sin embargo, nuestros centros urbanos, donde reside la mayoría de la población del planeta, se parecen más a bulliciosos hormigueros o colmenas sobrepobladas que a pueblos tranquilos: ¿Quiénes son todas estas personas? *¿Acaso resulta sorprendente que tantos de nosotros nos sintamos ansiosos, aislados, solos? ¿Cómo podemos confiar en alguien que no conocemos?* Puede que la idea de civilización —ciudades— no sea tan natural.

Si estoy en lo cierto, ¿cómo es posible que cualquiera de nosotros pueda tolerar el mundo *civilizado* en que vivimos?

Podemos hacer amigos.

Y podemos amar.

* * * *

En este capítulo, vamos a analizar por qué somos atraídos hacia el amor, cómo damos y recibimos amor y cómo varias necesidades de amor siguen evolucionando a través de nuestras vidas. Exploraremos las diferencias esenciales entre sexo y amor, y miraremos de cerca la amistad y el amor.

Espero que te sientas tan reforzado como desafiado por lo que estás a punto de leer. *Sé valiente: el curso completo para desarrollar confianza en ti mismo* no podría existir sin sugerir cómo amar y ser amado. Y, porque este un curso sobre la vida real, veremos esos momentos difíciles en que hay que dejar ir a alguien que amamos y cómo sobrellevar esa pena. En otra área sensible, exploraremos a fondo la crítica: cómo hacerla, cómo recibirla.

Quizá hace mucho, mucho tiempo, un día ocurrió así:

Aunque estaba arropado en varias capas de piel, el frío cortante se colaba por entre su cuerpo y lo hacía temblar. El suelo estaba congelado y la nieve que caía hacía aún más difícil escalar y pasar por encima de las piedras, ahora resbaladizas y deslizantes por la humedad. Sin embargo, determinado a no caer, avanzaba despacio, siempre agarrando con fuerza su premio. Era *carne* y los mantendría vivos. Finalmente, llegó al umbral. Corrió las pieles de protección a un lado e ingresó con rigidez por la entrada. Lentamente, mientras se adentraba en la oscuridad, el aire se hacía más caliente. Antes de verla, escuchó a la bebé y sonrió.

¿Por qué regresó? ¿Qué lo trajo de vuelta?

Yo creo que fue el amor.

Yo creo que el impulso de amar es tan convincente como cualquier motivación humana. Veamos esto más de cerca. De hecho, pongámoslo en contraste con el sexo, la motivación más ampliamente asociada al amor: sabemos que el sexo, como el hambre y la lucha por sobrevivir, es un instinto; pero, ¿es el amor un instinto? No lo creo. Creo que el amor es algo más y creo que aprendemos *cómo* amar. Los instintos, por definición, son biológicos y difíciles de reprimir. Todos sabemos que el amor, desafortunadamente, puede suprimirse e incluso extinguirse.

El sexo es estimulado por nuestras glándulas; el amor incorpora nuestra personalidad entera. El sexo es biológico, el amor es psicológico. El deseo sexual humano puede ser indiscriminado y estimulado por la novedad; sin embargo, el amor es supremamente discriminante y busca ser exclusivo. Más importante aún, el sexo puede ser interpretado como una actitud, pero el amor *es* una actitud.

Cuando los niños son criados en una familia sana, el sexo y el amor se mantienen separados. Cuando un niño pequeño de una familia amorosa experimenta con sexo, los compañeros de juego del niño en esta exploración no son las personas que más ama. En realidad, no es sino hasta la adolescencia —con el contacto físico, los besos y los abrazos— cuando estas dos ramas del desarrollo, el sexo y el amor, empiezan a unirse para que luego, como adultos, podamos disfrutar de relaciones sanas.

Cómo amar y ser amado

Puede establecerse un paralelo entre la manera en que el sexo y el amor se unen en un adulto maduro y las tres etapas que has estudiado antes:

Un niño aprende a confiar; un adolescente busca identidad; los adultos ven más allá de sí mismos.

Cuando somos niños, tenemos una enorme necesidad de ser amados. Cuando somos adultos, desarrollamos otra necesidad aún más grande: necesitamos *amar*.

Sabes que estás enamorado cuando la alegría y la comodidad de otra persona son tan importantes para ti como las tuyas propias.

Se ha dicho muchas veces que, para amar, debemos primero amarnos a nosotros mismos. Eso es cierto y es un aprendizaje adulto. Dicho de otra manera, para tener confianza en alguien más —para creer— primero debemos tener confianza en nosotros mismos.

Para tener una relación con alguien más, debo poder decir: "Me comprometo *contigo*. Creo en *ti*. Creo en *nosotros*". Sin embargo, para comprometerme en realidad con otra persona debo saber quién soy y qué quiero de la vida: *Si no sé quién soy, ¿cómo diablos voy a reconocer a alguien que es bueno para mí?*

El adolescente responde a las preguntas de forma rápida, muy rápida: "¡*Él* (o *ella*) es todo lo que quiero!". Esa es una ilusión; no podemos encontrar nuestra identidad en otra persona. "Él (o ella) es todo lo que quiero" puede sonar romántico, pero es irreal. Es una es esperanza que, con base en experiencias del pasado, casi siempre será insatisfecha.

Antes de que vayamos más lejos, tomémoslo con calma. No estoy a punto de demeritar al amor o definirlo en definitiva. Por el contrario, vamos a verlo a través de un lente más grande.

¿Recuerdas tu primer amor?

Nuestro primer amor nos engrandece, nos inspira. Ocurre cuando somos libres y el futuro está lleno de promesas. Con frecuencia, es físico, poderoso y profundo. Nuestro primer amor nos consume y hace que todo lo demás parezca irrelevante, se adueña de nuestro tiempo. Actuamos como pensamos que debemos hacerlo, a veces poniéndonos en ridículo. Como un huracán, nuestro primer amor —basado en la adolescencia— normalmente no dura. Y cuando la última gota cae y el ventarrón se vuelve una brisa, ¿qué queda?

Espero que sea la amistad.

Hay muchas habladurías sobre las relaciones humanas. Queremos lograr ciertas cosas —como, por ejemplo, complacer al jefe o complacer al cliente— así que actuamos de la mejor manera posible: *queremos caer bien.* Para que los demás no piensen mal de nosotros (para caerles bien), con frecuencia, escondemos los sentimientos negativos o dolorosos. Nos ponemos máscaras y, tristemente, algunos buscamos tan desesperadamente aprobación, que nos arriesgamos a volvernos tan superficiales como nuestras máscaras. Tener un amigo es poder dejar esa máscara de lado: podemos ser nosotros mismos. De hecho, cuando estamos con un amigo de verdad, quizá podamos ser más como somos —ser más libres— que cuando estamos solos.

Las amistades deben construirse con el tiempo, no son estáticas. Cuando hacemos un amigo "instantánea-

mente", se trata de una fantasía, una ilusión. Solo el tiempo y las dificultades construyen la confianza, el fundamento de toda amistad.

¿ERES MI AMIGO?

1. Me das tiempo

2. Me escuchas y lo haces sin hacerme sentir juzgado

3. Eres veloz para recordarme que tengo fortalezas

4. Me ayudas a sanar cuando estoy herido

5. Me dices la verdad cuando me va ayudar; no me la dices cuando no me va a ayudar

6. Con tu comportamiento, tu tono y tu sonrisa, me demuestras que para ti es importante que yo me sienta seguro, cómodo y a gusto

7. Me demuestras que lo sientes cuando hieres mis sentimientos; me permites demostrarte que lo siento cuando hiero los tuyos

8. No abusas de mí. *Nunca.* Te aseguras de que yo entienda que buscas protegerme

9. Tienes pequeñas sorpresas para mí

10. Encuentras las palabras para apoyar lo mejor que hay en mí

11. Me dejas llorar cuando lo necesito

12. Me animas a decirte la verdad y a admitir cuando tengo miedo

Sí, eres mi amigo, y te necesito.

Se parece mucho al amor, ¿no es así?

DESAFÍO NÚMERO 13:
CULTIVA LAS AMISTADES

Si eres lo suficientemente afortunado de tener una o más personas así en tu vida, haz algo al respecto antes de seguir leyendo: escríbeles una carta o llámalos ahora mismo. Si quieres, copia la lista y compártela con ellos. Si aún no tienes un amigo así, sigue leyendo. Este libro se trata de llegar ahí.

Para muchas personas de este siglo, el matrimonio clásico incluye amor y sexo entre dos adultos. Este implica contacto frecuente y cercano entres la parejas, y *amistad* al igual que amor. También se espera que haya responsabilidad compartida para construir y alimentar el matrimonio y la familia.

Este popular concepto del matrimonio, como debes saberlo, no es fácil de lograr. Además de los estreses sociales que nos parece ver hasta el cansancio cada día en la televisión, aquí hay una biología activa: los adolescentes, por ejemplo, tienen un fuerte impulso sexual años antes de estar listos para asumir las verdaderas responsabilidades de una relación adulta. Más adelante, a través de su vida adulta, hombres y mujeres normales pueden hallar más de una persona interesante. Podemos ser excitados por y atraídos hacia más de una persona, lo cual, por supuesto, no hace que la monogamia sea un paseo en el parque. Nadie tiene que leer *Sé valiente: el curso completo para desarrollar confianza en ti mismo* para descubrir que una buena parte de los matrimonios termina en divorcios.

De manera que, además de las relaciones abusivas, ¿cuáles creo yo que sean las más frecuentes causas de discordias matrimoniales?

Expectativas irracionales y falta de comunicación.

Si esperamos que nuestras parejas y nuestros hijos sean perfectos, vamos a estar desilusionados. Pero, más aún, la tensión incrementa con las expectativas irracionales.

Cuando las parejas dejan de hablar con sinceridad —incluso cuando, en principio, lo hacen para evitar herir sus sentimientos o para prevenir un pelea— se da una tensa paz. Puede parecer seguro, incluso inteligente, pero esa paz tiene un precio.

¿Por qué creo que este silencio —esta "tensión"— destruye una relación?

Porque, como ya lo dije antes, estamos más a gusto con alguien en quien confiamos, cuando podemos ser nosotros mismos, sin velos, sin apariencias. Si no compartimos nuestros miedos y ansiedades con nuestra pareja —el amigo en casa—, ¿entonces con quién las vamos a compartir? Hay pocas cosas que duelen más que no poder compartir tus sentimientos —poder hablar— con la persona que amas. No comunicarse es una manera segura de provocar el resentimiento, luego el dolor.

Las parejas se hieren unas a otras cuando no son capaces de decirse lo que realmente sienten. Es posible que, al menos, unas cuantas infidelidades maritales sean conducidas expresamente a ser descubiertas para forzar la discusión de lo que no se ha dicho. En los matrimonios problemáticos de los que he sido testigo, las quejas más frecuentes han sido: "Mi pareja es desconsiderada, egoísta y me da por sentado".

Un fracaso a la hora de comunicarse.

Si bien el amor es un ingrediente importante de un matrimonio exitoso, una relación que solo se base en romance va a atravesar dificultades, pues un matrimonio debe durar mientras que un romance es pasajero. Los romances ocurren; el matrimonio se construye.

Así una pareja esté o no casada, un relación debe estar hecha para durar. Los seres humanos deben crecer, no languidecer.

Cada día nos hacemos más grandes o más pequeños gracias a las decisiones que tomamos.

¿Qué es el crecimiento precisamente?

Se trata de superar la duda, ganar confianza. Todo ser humano lucha. *La persona a la que amamos no puede remover esa lucha de nosotros.* Cada uno de nosotros, por sí solo, es responsable de su propio comportamiento y debe conquistar sus propias dudas. Con todo, una pareja amorosa nos refuerza, nos ayuda a ser más fuertes. Una pareja amorosa ve lo mejor de nosotros, lo mejor que podemos ser, y nos motiva (y a la vez, él o ella crece).

Pero, de nuevo, hasta que no sepa quién soy y qué quiero, no puedo saber quién o qué es lo mejor para mí.

Si no estoy comprometido con mi propio crecimiento, ¿entonces cómo puedo estar comprometido con el de alguien más?

Con frecuencia, cuando somos jóvenes, buscamos al compañero o compañera ideal. Eso no es sorprendente para un adolescente, ¿verdad? El adolescente, buscando identidad, se pregunta: "¿Quién soy?". Razona: Si mi pareja es perfecta, ¿no soy perfecto yo también? Intoxicado de amor, el adolescente ve a su enamorada como ideal (lo que esa persona *podría* ser), no real (lo que esa persona es). Como lo dije antes, nuestro primer amor se da cuando somos libres y el futuro está lleno de promesas.

Podemos extrañar la pasión, el erotismo y el romanticismo a medida que envejecemos y, desafortunadamente, confundirlo con la pérdida de la juventud. He visto a hombres que, en la mitad de sus vidas, andan con los pies en las nubes, actúan como adolescentes y le asignan a su juventud precisamente lo que les hace falta en la vida. Como si una semilla de adolescencia que estaba adormecida, de repente, germinara en sus años medios, andan buscando la pasión, la promesa, la persona que los inspire.

Son tan vulnerables como los adolescentes que solían ser y, de nuevo, no parecen ver los problemas: *vemos lo que creemos ver*. Como los adolescentes que fueron alguna vez, arden de amor. Pero, cuando llega un comentario negativo, una crítica por parte de su nueva "persona ideal" u ocurre un bajón, la realidad les quema. Se derrumban al suelo. Se preguntan: "¿Cómo pude haber visto a esta persona como alguien perfecto para mí?".

¿De qué no se han percatado?

Es la relación, no la persona, lo que debe ser hecha ideal.

Antes de que mi hijo, Eric, y mi hija, Claudia, se casaran, les advertí: "Nos casamos en el peor momento, cuando estamos enamorados".

Estamos cegados, les dije: nuestras pasiones están encendidas, no podemos ver bien. Estamos obsesionados y pasamos por alto comportamientos que encontraríamos reprobables en alguien más. Sin embargo, el tiempo tiene su manera de aclararnos la visión. Dentro de un año y medio, nos daremos cuenta de lo que no nos gusta: "No, cariño, no me parece". "Hey, ¿por qué ya no hablamos?", "¿de verdad tienes que gastar tanto?", "si hubiera sabido que eras tan egoísta...".

Si eres como casi cualquier otro ser humano normal, algo de tu pasión se irá. El tiempo hace eso. Cuando nuestra sangre corre, parece imposible que la emoción se vaya a acabar, pero lo hará. Y está bien. Pues verás, es ahí cuando una vida de amor puede empezar realmente. Cuando ha pasado la fiebre, somos libres de escoger.

Si se hacen amigos, tu amor puede durar una vida entera.

Liz Smith, la popular columnista, una vez me dijo: "Estaba muy involucrada en el amor y el romance cuando era más joven, y me aceleraba como una loca intentando resolver mis conflictos. Pero ahora creo que lo mejor que me ha pasado son los amigos maravillosos que he hecho en el camino. Son personas con las que en realidad puedo contar. Este es el amor que en verdad importa. Tuve que hacerme mayor, vivir mi vida, para llegar a esta verdad. Estuve muy involucrada en romances durante años, pero no creo que este tipo de relaciones, siendo tan emocionantes como lo son en un principio, duren lo que quisiéramos que duraran. Creo que los mejores matrimonios son aquellos en los que los esposos se vuelven amigos".

Como Liz, respeto la relación entre amistad y amor, *cuando la alegría y la comodidad de otro persona son tan importantes para mí como las mías propias*. El sexo por sí solo no es amor y tampoco lo es decir: "te amo". Por supuesto, el sexo puede ser una expresión hermosa del amor, una comunicación, como también lo son las hermosas palabras "te amo". De hecho, eso es lo que sienten y oyen esas personas que escogen ver más allá de sí mismas. A estas personas les llamamos adultos.

Creo que el amor es tan importante, que es uno de los siete pasos hacia la autorrealización:

EL QUINTO PASO HACIA LA AUTORREALIZACIÓN

1. Saber quién es el responsable

   Acepta la responsabilidad personal por tu comportamiento. Cuando dices: "Yo soy responsable", puedes construir una nueva vida, incluso un nuevo mundo.

2. Creer en algo grande

   Tu vida es digna de un motivo noble.

3. Practicar la tolerancia

   Te querrás mucho más a ti mismo y también lo harán los demás.

4. Ser valiente

   Recuerda: el coraje es actuar con miedo, no sin él. Si el desafío es importante para ti, se supone que debes estar nervioso.

5. **Amar a alguien**

   Pues debes conocer la dicha.

13

El abuso del amor

Para mí sería mucho más fácil saltar hacia otra cosa ahora mismo y no discutir el siguiente tópico, que es el abuso del amor. De niño viví inmerso en el temor y, debido a mi experiencia personal, soy muy sensible al tema. Sin embargo, por haber enseñado *Sé valiente: el curso completo para desarrollar confianza en ti mismo*, sé que esta sección es fundamental para muchos estudiantes y, por lo tanto, debe ser incluida. Si has sido herido, espero que esto ayude. Si no has sido herido, espero que aprendas algo en este pasaje que te permita ayudar a alguien que haya sido víctima, o que te retenga si alguna vez estás *tú* en una posición en la que tengas el poder de hacer de alguien más una víctima.

El abuso emocional es "demeritar sistemáticamente a otro", dice el abogado neoyorquino Andrew Vachss, un hombre que ha dedicado su vida entera a la protección de los niños. "Puede ser intencional o inconsciente —o las dos cosas—, pero siempre se trata de una serie de hechos, de una conducta, nunca de un solo hecho. Está diseñado para reducir la autoestima de un niño hasta el punto de considerarse a sí mismo indigno de respeto, indigno de amistad, indigno del derecho que todo niño tiene desde su nacimiento: amor y protección".

Es una pesadilla: es abuso del poder de un padre. Es abuso de amor.

El abusador matonea y demerita el esfuerzo del niño: "¿Acaso no puedes hacer nada bien?". El abuso puede incluir dolor físico, pero el dolor más profundo y duradero es emocional: el niño es llevado a pensar: "No soy bueno".

Algunos años después de haber servido en Vietnam, me sorprendía la naturalidad con que mis compatriotas estadounidenses aceptaban el diagnóstico de que los veteranos podían sufrir de "síndrome de estrés postraumático", lo que los soldados de guerras anteriores llamaban "fatiga de combate". Sin embargo, a algunas de estas personas les resulta tan difícil entender el hecho de que el abuso del amor de un niño tenga las mismas consecuencias, y que esas consecuencias puedan durar una vida entera. El niño abusado es tan víctima de una guerra como el hombre que es premiado con un Corazón Púrpura. La verdad es que, en una guerra, los Marines pelean más por ellos mismos que por una bandera o un país. En combate, se tienen los unos a los otros; pero, ¿quién está más solo que un niño abusado?

De niño, cuando mi padre se emborrachaba y me pegaba, yo pensaba después: "Ojalá no hubiera hecho que mi papito se enfadara tanto".

Hoy en día, es fácil ver que mis palabras eran las de una víctima. Trataba de "explicarme" lo que mi padre me había hecho, asumiendo la falta —la culpa— por mi propio abuso. Por supuesto, al volver la vista atrás, ahora sé que yo no era responsable de lo que mi padre me hacía; él solo era el responsable de su comportamiento.

No obstante, inevitablemente las víctimas son forzadas a sentir culpa, forzadas a creer, paradójicamente, que el abuso que sufren es de alguna manera *su* culpa:

Nadie nunca tiene el derecho de abusar de ti, ya seas un niño o un adulto.

Cuando un día le pregunté a Andrew Vachss que definiera la diferencia entre enfermo y malvado, me dijo: "Cuando un pedófilo desea a un niño, eso es enfermedad. Cuando el pedófilo toca al niño, eso es maldad".

Por un lado, muchos de los adultos que fueron víctimas cuando niños no se vuelven abusadores, aunque son expertos en abusar de ellos mismos. Por otro lado, es extremadamente raro que un adulto abusador no haya sido abusado cuando niño.

El anfitrión de un show televisivo alguna vez especuló que yo no habría tenido el éxito del que he gozado de no haber sido herido cuando niño. Yo le dije la verdad: "Soy lo que soy *a pesar* de mi niñez, no debido a ella". Si botamos un puñado de semillas en un andén, una de ellas —a pesar de las probabilidades— puede echar raíces y florecer. Sin embargo, imagínate las flores que tendríamos si esa semilla fuese plantada en tierra fértil y alimentada. Todo niño merece alguien que lo adore, que lo cuide.

El abuso siempre está mal.

Algunos padres, que no deberían ser padres en absoluto, hacen algo particularmente malvado: retienen su amor hasta que sus hijos "lo ganen". Estos niños son forzados a atender las irracionales demandas de sus padres. Para tales jóvenes, la vida es una cuesta interminable y fútil hacia hacer sentir a sus padres "orgullosos", hacia actuar como ellos insisten en que lo hagan. Contrario a los niños de padres amorosos, estos niños enfrentan un rango de desafíos que incluyen, en un hogar, estrictos estándares patológicos; en otro hogar, la responsabilidad de "velar" por sus padres; e incluso, en otro hogar, violación de leyes de trabajo, abuso de drogas y prostitución. Con frecuencia, son forzados a ser pequeños adultos, no se les permite ser niños.

Puede que conozcas adultos que han sido criados en hogares como estos; constantemente, ellos buscan aprobación. He conocido a famosos intérpretes que confundían el aplauso de una audiencia —su *aprobación*— con amor. Quizá sea por eso que, cuando nuestra hija Melinda era una joven adolescente y tuvo la oportunidad de modelar y subirse a una tarima profesionalmente, su madre y yo le sugerimos que la declinara. Ella siguió nuestro consejo y, años después, mientras escribía *Sé valiente: el curso completo para desarrollar confianza en ti mismo*, Melinda me recordó lo que le habíamos dicho: "Me dijeron que las modelos y actrices jóvenes tienden a confundir afecto con atención".

Cuando un poderoso ejecutivo corporativo, un alto oficial militar o un funcionario público abusan de un subordinado, él o ella es un depredador que utiliza el poder de su posición para crear una víctima. Es lo que parece —un abuso— y se siente como un abuso. La atención no es afecto; de hecho, el abusador no puede ver a la otra persona como una persona.

Entonces, ¿qué hacemos?

Primero, acogemos con fuerza el primero de los siete pasos hacia la autorrealización: "Soy responsable de mi comportamiento". Luego, aceptamos que no somos responsables por el comportamiento de nuestro abusador. Admitimos la más importante verdad de todas: que no merecemos ser abusados, la cual es, por supuesto, exactamente la mentira que todo abusador nos trata de vender. "Cariño, ¿acaso no sabes lo mucho que te amo? No debiste haber dicho lo que dijiste. ¿No lo ves? Me enfurezco, mi amor, porque estoy loco por ti".

¿Debes perdonar? Eso es asunto tuyo.

Perdonar no implica que el comportamiento abusivo sea excusado. Perdonar *sí* significa que, en primer lugar, admites que has sido herido; en segundo lugar, aceptas tu responsabilidad, si la hay, por haberte expuesto a ser herido; y, en tercer lugar, le dices a la persona que te hirió que ya no estás herido (el segundo paso no quiere decir que una víctima deba asumir la responsabilidad del abuso, sino de animar a la víctima a buscar una salida y, si es posible, utilizarla). Creo que si llevas a cabo el tercer paso —si en realidad decides perdonar— debe ser para deshacerte de tu propia rabia y no para liberar de su culpa a la persona que te hirió. Un consejero que les dice a las víctimas que deben perdonar a sus abusadores para sanarse a sí mismas está, en mi opinión, abusando también de ellas.

Tú no eres responsable por la rehabilitación de tu abusador. Si decides o no perdonar, eso depende solo de ti. Nadie tiene el derecho de obligarte a perdonar. Nunca he oído esta verdad expresada tan bien como en la síntesis que Andrew Vachss le hizo al jurado: "La verdad es de la persona con la que se han equivocado".

DESAFÍO NÚMERO 14:
MÍRATE COMO QUISIERAS SER

Relee el pasaje sobre la ira crónica en el capítulo 11 y examina de qué manera se relaciona con lo que acabas de leer acerca del abuso; luego pregúntate: "¿Acaso algo de eso aplica para mí o para alguien que conozca? ¿Estoy frustrado? ¿Estoy enojado? ¿Estoy triste o deprimido? ¿He sido abusado? ¿Acaso mi propio comportamiento podría ser calificado como abusivo?".

Así hayas o no contestado "sí" a alguna de las preguntas, escribe en una hoja lo que en realidad te gustaría cambiar ahora mismo de ti o de tu situación: ¿En qué sentido te gustaría que fuera diferente tu vida? Para este ejercicio, asume que no hay ninguna razón por la cual no puedas tener —o ser— lo que desees. ¿Qué necesitas? ¿Qué te gustaría hacer?

Una vez hayas completado la parte escrita de esta tarea, quiero que te sientes y pienses en ti como el "nuevo tú". *Cierra tus ojos y concéntrate.* Mírate como quisieras ser. No se trata de un truco ni de un juego. Te aseguro que, hecho a conciencia, esto ayudará a que crezca tu confianza. No te detengas hasta que hayas *fijado firmemente la imagen en tu mente.*

14

Cambia tu comportamiento y cambiará tu actitud

La importancia de la *actitud* del amor —de ver más allá de nosotros— nunca fue tan evidente para mí como cuando mi amigo Shlomo Breznitz, un distinguido psicólogo y profesor de la Universidad de Haifa en Israel, compartió conmigo una idea certera:

"Cuando estudiamos las investigaciones sobre los campos de concentración", dijo, "el primer factor que sale a flote es la habilidad de establecer relaciones humanas bastante significativas en los mismos campos. En un principio, se pensó que quienes recibían eran los más beneficiados. Una mirada más cercana reveló que los que daban eran los más beneficiados. Esto les permitía conservar su dignidad y una noción de sí mismos".

Y agregó: "La gran lección de esta investigación es que *la mejor manera de ayudarse a uno mismo es ayudando a alguien más*".

A medida que hablaba, yo rememoraba el viejo relato de la viuda que perdió a su único hijo. Ella se dirige al pastor de su pueblo para que le dé una oración, una poción, *algo* que le devuelva a su hijo. Él le pide que le traiga una semilla de mostaza de un hogar que no haya conocido el dolor. "Esa semilla de mostaza es mágica", le promete el pastor. "La usaré para remover de tu vida el dolor".

La primera casa a la que llega la mujer es un edificio opulento, habitado por una familia adinerada. Cuando la familia atiende su llamado, ella explica sus intenciones: que anda buscando una semilla de mostaza de una familia que no haya conocido el dolor.

"Has venido a la casa equivocada", le advierten los miembros de la familia a la viuda, contándole la serie de tragedias que han caído sobre ellos.

La viuda, conmovida a través de su propia pérdida, siente una gran simpatía por la familia y decide quedarse un tiempo y consolarlos. Cuando se va, retoma su búsqueda de la semilla mágica. Visita a las clases altas, a las bajas, a los ricos, a los pobres. A dondequiera que va, halla hogares con problemas, y a cada uno le ayuda con lo que puede.

Está tan ocupada ayudando a los demás que, con el tiempo, se olvida de su búsqueda de la semilla de mostaza y nunca cae en cuenta de que esta era mágica: removió el dolor de su propia vida.

¿Recuerdas tu primer día de colegio? Si fue como el mío, fue miedoso. Los comienzos pueden ser aterradores. De repente, el mundo es un gran lugar de *¿qué pasa sí...?*

¿Qué pasa si tropiezo?

¿Qué pasa si enteran que yo soy yo?

Por supuesto, hay algo que puede parecer más duro que una primera experiencia:

¿Puedo empezar *de nuevo*?

¿Estoy aprisionado por mi pasado, por mis fracasos, por mis pérdidas, por los demás, por el mundo a mi alrededor?

¿Siempre debo ser lo que ahora soy?

¿En realidad, puedo ser más?

¿En verdad, puedo empezar *de nuevo*?

Escogemos distintos estilos de cabello, compramos ropa nueva, reorganizamos nuestros guardarropas, pintamos paredes, reestructuramos nuestras finanzas personales, pero muchos de nosotros nos resistimos a los nuevos comienzos que pueden darle a nuestras vidas un mayor sentido o hacerlas personalmente más satisfactorias. Nos negamos a dejar las cosas ir, incluso si sabemos que es lo correcto.

¿Por qué?

El cambio es algo que asusta.

Nos aferramos a lo familiar, incluso cuando duele. Por ejemplo, todos sabemos que, entre más perdura una esposa maltratada en una relación abusiva, más difícil se le hace escapar de allí. Para una víctima cuya confianza ha sido traída a pedazos por el abuso prolongado, la idea de estar sola, abandonada, se hace más grande y aterrorizante con cada día que pasa. Tal miedo no solo se limita al abusado. Quizá conozcas a una viuda (o viudo) de un esposo amoroso que no logra superar el dolor, que se niega a ver el mañana. Si tú mismo has pasado por una relación que se acabó, entonces sabes que no es fácil dejar ir algo así.

Bajo *cualquier* circunstancia en la que debamos separarnos de alguien cercano a nosotros, así haya sido nuestra decisión, no hay un momento en que tengamos mayor necesidad de nuestros tres aliados: ansiedad, miedo e ira.

Vamos a explorar dos tipos de pérdidas: cuando una relación se termina y cuando un ser amado muere. He introducido esta sección haciendo énfasis en la ansiedad que provocan los comienzos, pues es allí hacia donde nos dirigimos.

Nos duele separarnos de alguien que amamos y nos sentimos devastados durante esos primeros días que siguen a la separación. La ira y la amargura, al igual que la tristeza que sentimos, nublan nuestro pensamiento racional. Dicho de otra manera, las emociones perturban nuestro buen sentido: muy en el fondo sabemos que *sobreviviremos,* pero de igual manera nos preguntamos: "¿Podré superar esto?".

Sí podrás.

Para ver de qué manera lo harás, démosle un vistazo a una situación estresante: tu pareja se ha ido. Tus nervios están alborotados, estás terriblemente herido. Quizá estés furioso… Está bien, estás *furioso.*

Pero he aquí lo importante: también eres libre. Tienes la oportunidad de vivir nuevas experiencias.

No quiero ninguna

¡Tonterías! Esa es tu ira hablando. La verdad es que, a pesar del dolor y la sensación de pérdida que sientes en el momento, vas a tener nuevas experiencias. La buena noticia es que puedes escoger cuáles serán esas experiencias. La oportunidad de una mayor alegría y realización está allí en frente tuyo, esperando por ti. Las semillas de la renovación han sido sembradas: *estás listo para el cambio.*

¿Por qué?

Somos más susceptibles a adquirir nuevas actitudes cuando experimentamos un cambio en nuestras vidas: cuando nos graduamos del colegio o de la universidad, por ejemplo, o cuando empezamos nuestro primer trabajo o uno nuevo; cuando nos retiramos o nos trasteamos; cuando nos enamoramos, establecemos o terminamos una relación, nos casamos o nos volvemos a casar, nos separamos o nos divorciamos; cuando un niño nace o se va de su casa. Cuando el cambio se da —si es importante para ti— verás cómo se incrementa tu ansiedad naturalmente, cómo bombea tu adrenalina. Y, como en cada una de esas veces en que sentiste ansiedad, miedo e ira, estarás alerta. La palabra es concentración. Nunca has sido más sensible. Así que usemos esta energía, no la desperdiciemos.

Cuando terminamos una relación con alguien, es normal sentir una pérdida del control, sentirse impotente, en especial si hemos sido abandonados. Nuestra brújula da vueltas. Nos preguntamos: "¿Quién soy yo? ¿En quién puedo confiar?".

Sí, eso es lo que siento. Pero, ¿cómo recupero el control?

Empieza por reconocer que el duelo puede ser saludable, puede ayudarnos a absorber una pérdida, a ponerla en contexto. Por otro lado, agonizar sintiendo lástima por uno mismo y planear una venganza no está bien. Si estás anclado en el pasado y buscas herir a alguien más en lugar de ayudarte a ti mismo, estás perdiendo tu tiempo. Y tu enfoque está mal: enfócate en las soluciones.

Estás a punto de tener una aventura. Tienes la oportunidad de una vida nueva y mejor. Aunque tu pareja se fue, aún estás respirando. *Has sobrevivido* a la ruptura: "¡Hey, amigo, sigo de pie!".

De nuevo: recuerda que tu objetivo es volver a tener el control.

Te será de ayuda considerar las palabras de la Dra. Mimi Silbert, lideresa de la Delancey Street Foundation, un centro de tratamiento para drogadictos, prostitutas y exconvictos, reconocido mundialmente:

"Lo que en realidad queremos decir cuando decimos que no podemos hacer algo es que nos cuesta mucho dejar la comodidad. ¿Cuántos seres humanos en cualquier parte del mundo, no solo en Delancey Street, se aferran a una relación tan solo porque existe? Si se lo permitimos, este miedo a la soledad, al abandono o al fracaso puede impedirnos hacer lo que cada uno de nosotros debe hacer para sentirse realizado".

¿Qué se enseña en Delancey?

"Enseñamos cómo creer y amar", dice Mimi. "Esto implica una cantidad inmensa de coraje por parte de los residentes de Dalancey. Están desesperadamente asustados. Creer en la importancia y la cercanía de otra persona —confiar en ella— es difícil para alguien que ha herido a otros y que ha sido maltratado durante toda su vida".

Varios métodos de enseñanza y filosofías son puestos en práctica en Delancey, pero uno de los más efectivos es llamado *actúa como si:* un nuevo residente en Delancey, recién salido de la prisión, puede escuchar: "Bill, sabemos que no te importa Jim, el que está ahí. Sabemos que no te puede importar menos si Jim vive o muere. Pero, Bill, queremos que *actúes como si* te importara Jim".

De manera que, para encajar, el nuevo residente aparenta que le importa y, para su sorpresa, encuentra que en realidad sí le empieza a importar. Los residentes de Delancey se transforman a sí mismos de afuera hacia adentro. En contra de las más pequeñas posibilidades, —en contra de toda una vida de rechazo, fracaso y decepción— los residentes de Delancey Street, como lo señala Mimi, aprenden cómo creer y cómo amar.

¿Cómo aplica esto para ti?

Si cambias tu comportamiento, cambiará tu actitud.

Tu actitud cambiará y tu confianza aumentará.

DESAFÍO NÚMERO 15: IMAGINA UN NUEVO TÚ

En el desafío número 11, te pedí que escogieras alguna opinión tuya que pueda incomodarte a ti o a alguien más. Luego, debías imaginarte lo distinto que te comportarías si no tuvieras esa opinión. En el desafío número 14, te pedí que te concentraras en lo que te gustaría cambiar de ti mismo e imaginarte ese "nuevo tú". Ahora, una vez más, cierra tus ojos e imagínate cómo quisieras ser. De nuevo, fija esa imagen en tu mente. Completa esta tarea antes de seguir adelante.

El Dr. Norman Vincent Peale, cuyo libro *El poder del pensamiento positivo* se convirtió en uno de los clásicos inspiracionales del siglo veinte, estaba tan convencido del impacto de rezar, que una vez me aseguró que podíamos "disparar" oraciones a otras personas para ayudarlas. Eso *sí* que es poder.

Tu cerebro es cosa seria. Ya sea que creamos que es un regalo de Dios o un producto de la evolución, es sorprendente: todo lo que el cerebro quiere hacer es resolver problemas por nosotros.

Y es bueno en eso.

Nuestra habilidad de resolver problemas es ejercida todos los días. ¿Alguna vez has estado luchando con una pregunta difícil, te has rendido y luego la solución te llega "de repente" un días después? Aunque dejaste de pensar conscientemente en ese problema, el computador en tu mente estaba procesando los datos silenciosamente y buscando una solución, y, mientras tanto, haciendo el resto de su trabajo de forma eficiente, moviendo tu dedo gordo y regulando los latidos de tu corazón, guardando, reteniendo y analizando palabras e imágenes.

Además de su capacidad de resolver problemas, el cerebro humano también puede crear y formar imágenes de lo que no está realmente presente, y tiene la capacidad de percibir eventos antes de que ocurran. Si, por ejemplo, sostienes en tu mano una bellota, ¿puedes sentir la sombra del gran roble en que se convertirá? ¿Puedes ver o escuchar toda la vida que ese árbol tendrá? ¿Los insectos, los pájaros, las ardillas? No. Pero puedes *imaginar* esos resultados porque tu cerebro te permite visualizar lo que no puedes ver.

No obstante, para crecer verdaderamente, sabemos que una bellota debe echar raíces. Así que la metemos en tierra húmeda y esperamos.

Para que nuestra confianza crezca, para realizar nuestros sueños, para escoger la vida que en realidad queremos, para ser quien queremos ser, debemos sembrar algunas bellotas, algunas ideas. Tu mente es la tierra fértil que estas ideas necesitan, y está lista. Imagina tu mente como dos mitades: Una es la mitad consciente o la que piensa en voz alta; la otra es tu mitad inconsciente o la que piensa en silencio. Si conservamos una imagen o un deseo con firmeza y deliberación en nuestra mente consciente, esa imagen o deseo —como una semilla flotando en la superficie de un lago—, sin duda, encontrará el camino a nuestra mente inconsciente. Y cuando nuestro deseo resbala hacia el inconsciente, la acción comienza.

La imagen o el deseo se convierten en poder real. Hay una energía inmensa en nuestro inconsciente, y es muy fuerte. Una vez que el inconsciente acoge un objetivo, está determinado a alcanzarlo. Los más grandes atletas y actores imaginan su desempeño detalladamente antes de pisar un escenario o una arena. Los seres humanos tienden a volverse lo que se imaginan ser: si te ves como alguien confiado, te vuelves alguien confiado. Si te ves como un inseguro, te vuelves inseguro.

Tu cerebro es una máquina magnífica. No solo trabaja hallando maneras en que puedes ser lo que quieres ser, pero, al mismo, también te anima a actuar.

DESAFÍO NÚMERO 16: ACTÚA COMO SI…

Ahora entiendes por qué, en el desafío anterior, te pedí que revisaras los desafíos número 11 y 16, y de nuevo fijaras firmemente las imágenes en tu mente. Quería que le permitieras a tu mente hacer su trabajo, que es resolver problemas, hacer planes y ver hacia adelante. Es bueno estimular a ese computador que hay en tu cráneo para que haga su trabajo y, a la vez, valerse de su poder. También espero que sea evidente por qué te pedí poner mensajes por todos lados que dijeran "enfócate en las soluciones". Son más que meros recordatorios, son dispositivos prácticos que te ayudan a llevar deseos e imágenes hacia tu mente inconsciente para mantenerte *pensando*.

Antes de seguir adelante, debemos tomar una pequeña pausa. Lo que acabas de leer es demasiado importante para seguir de largo. Este capítulo incluye dos de los pasos más importantes para un cambio de actitud: aquel que funciona de afuera hacia adentro, llamado *actúa como si...*; y aquel que funciona de adentro hacia afuera, llamado *fija la imagen en tu mente*. Ambos procesos son cruciales para ayudarte a resolver problemas, crear opciones para ti mismo, construir confianza y volver a tener el control cuando enfrentas una pérdida o un futuro incierto.

Si *actúas* como si fueras confiado, aunque no te sientas seguro de ti mismo, tu confianza va a crecer. Si *fijas la imagen en tu mente* de la persona que quieres ser, *vas* a empezar a serlo.

De manera que esta es la pausa que quisiera que tomaras: por favor, no leas más allá de estas líneas al menos durante un día (o dos días, ¡si puedas soportar estar lejos de este curso por tanto tiempo!). Esta noche y la noche de mañana, antes de irte a dormir, quisiera que te imaginaras como un profesor en un salón lleno de estudiantes: Estás enseñando *Sé valiente: el curso completo para desarrollar confianza en ti mismo*. Quieres ilustrar el proceso de *actúa como si* y de *fija la imagen en tu mente* para tus estudiantes. Haz que tus ejemplos sean lo más detallados y vívidos posible. E imagínate en acción. Te divertirás con esta tarea.

Disfruta.

He sugerido que el duelo es un proceso normal y necesario y que, siempre y cuando no nos obsesionemos con sentir lástima por nosotros mismos o buscar venganza, este puede ser una expresión saludable del dolor:

debemos admitir que nos sentimos heridos. Es un primer paso bastante significativo hacia volver a tener el control cuando hemos sufrido una decepción, una pérdida o una tragedia. Y, como lo dije en el capítulo 1, aunque no podamos prevenir que nos suceda lo peor, somos responsables por nuestra actitud frente a los inevitables infortunios que opacan nuestras vidas. Las cosas malas ocurren; la manera en que reaccionamos a ellas define nuestro carácter y la calidad de nuestras vidas.

Así que, si no podemos prevenir las decepciones, las rupturas y demás, ¿cómo recuperamos el control cuando la pérdida ocurre?

Aprovechamos lo que *sí* podemos controlar.

Aunque no pueda controlar el mundo a mi alrededor, puedo controlarme a mí mismo.

Controlas tu propio comportamiento, tus propias palabras, tu propio tiempo. Determinas tu conducta, lo que dirás y, la mayoría del tiempo, dónde vas a estar y por cuánto tiempo. Puedes *actuar como si*, y *puedes fijar una imagen en tu mente*. Tú decides cómo ver el mundo: si cambias tu comportamiento y tus palabras, tu actitud también cambiará.

> *¿Cómo hago para que estos principios funcionen en la práctica? ¿Qué pasos debo dar? ¿Cómo empiezo?*

> *Lo que intento decir es: ¿Cómo puedo lanzarme a empezar? ¿De qué manera me motivo para dejar de posponerlo, levantarme del sillón y comenzar de una vez por todas?*

Has aprendido dos principios. He aquí tres pasos donde se incluyen ambos:

TRES PASOS HACIA EL CONTROL DE TU COMPORTAMIENTO

1. Visualiza tu objetivo

Quiero decir: en verdad míralo. Asegúrate de imaginarte en acción. Luego *fija la imagen en tu cabeza*. Concéntrate firmemente. Para liberar el poder de tu mente inconsciente, recuerda que debes conservar el deseo o la imagen con fuerza en tu mente consciente.

2. Convéncete

Nadie es más persuasivo que tú. Si dices que no puedes, no podrás. Ni siquiera empezarás. Di: "Yo puedo". Si puedes verlo, puedes serlo. Adicional a esto, no pierdas tiempo mirando atrás; no desees algo que ya pasó o que perdiste. Recuerda que estás a punto de comenzar algo nuevo.

3. Actúa como si...

¿Quieres ser confiado? Incluso si no te sientes particularmente confiado, *actúa como si* lo fueras.

Como lo dije anteriormente, cuando experimentamos la ruptura de una relación importante, quedamos devastados. Nos sentimos perdidos y fuera de sitio. Tenemos una necesidad inmensa de volver a tener el control, de ubicarnos y sentirnos motivados. Es por eso que debemos *visualizar un objetivo, convencernos y actuar como si* ya estuviéramos ahí.

La verdad es que, a pesar de tu pérdida, vas a tener más experiencias. Así que, elige lo que quieres experimentar. En cada momento importante de tu vida, no solo en una ruptura, tienes el poder de hacerlo. Incluso cuando alguien muere.

Nuestro desafío más grande puede ser el de recuperarnos de la muerte de un ser amado, se trate de un amigo, un padre, una esposa o un niño. No es una tarea fácil, pero es una experiencia que cada uno de nosotros deberá enfrentar y aprender a sobrellevar. Por supuesto que es doloroso decirle adiós a alguien que amamos. Pero, para muchas personas, es casi igual de difícil consolar a un sobreviviente. Así fue conmigo. Cuando era más joven, los funerales me parecían una barbarie. Me hacían sentir muy incómodo, y nunca sabía qué decir. Tardé años en entender que, en realidad, tales servicios son necesarios para la catarsis de los que sobreviven, así se trate de dos ateos dándose la mano sobre la tumba de un amigo o de la más elaborada ceremonia religiosa.

Lo que tuve que descubrir fue el valor de un periodo de duelo —de nuevo, la importancia del duelo— y cómo comportarme de una manera cómoda y apropiada. Aprendiendo cómo consolar a los demás, aprendí a consolarme a mí mismo frente a la muerte de un ser amado. Aprendí a decir adiós. Tú también puedes hacerlo.

Esto es lo que he llegado a comprender:

SEIS MANERAS DE CONSOLAR A LOS DOLIENTES

1. No finjas

No les hagas creer que estás ahí por alguna otra razón. No desvíes la conversación hacia otros temas que consideras "menos dolorosos". Los sobrevivientes suelen querer hablar sobre su pérdida, así que esto debe ser recibido.

2. No trates de hacer que los dolientes se sientan mejor

Aunque, en un principio, esto pueda parecer una contradicción, no lo es. No sé a cuántos funerales he asistido en los que personas bien intencionadas aconsejan: "No lo tomes tan mal". Esto deja a los dolientes mudos y los impulsa a esconder su dolor. La última vez (y fue la *última* vez) que dije: "No lo tomes tan mal", uno de los afligidos me preguntó: "¿Qué tan mal debería tomarlo?".

3. No le temas a las lágrimas

La expresión de duelo es normal y es mejor expresarla que suprimirla. Las lágrimas de dolor son lágrimas sanas. Si se esconden ahora, luego saldrán a flote y de una manera más dolorosa.

4. Déjalos hablar

Sé un buen escucha. La mejor conversación puede ser aquella en la que escuchamos más de lo que hablamos. Sé sensible. De nuevo: no evites hablar sobre la persona que se ha ido.

5. Consuela al doliente

Cuando alguien cercano nosotros muere, es normal sentir culpa: ¿Por qué no le dijimos esto o aquello? Cuántas veces no hemos dicho: "Si tan solo tuviera la oportunidad de...". Consuela al afligido. Una palabra amable significa mucho.

6. Llama de nuevo

Los mejores amigos están al día siguiente. Hay una creencia general bastante popular según la cual el doliente necesita tiempo para sí mismo. No creo que eso sea cierto. He hallado que ellos necesitan nuestro apoyo *después* de que todo ha pasado y mientras está pasando.

Espero que estas ideas sean de tu ayuda cuando las necesites. Para mí han sido invaluables.

Por último, si tú mismo has sufrido una pérdida, espero que encuentres consuelo en esta carta que recientemente envié a un amigo: "Así ahora mismo no lo parezca en lo más mínimo, llegará un momento en que la alegría de recordar será más grande que el dolor de la pérdida".

DESAFÍO NÚMERO 17:
CONSOLAR A UN AMIGO

Shlomo Breznitz dijo que su investigación indicó que: "La mejor manera de ayudarse a uno mismo es ayudando a alguien más". Este principio fue ilustrado en la historia de la viuda que buscaba la semilla mágica. Con esto en mente, responde para ti mismo la siguiente pregunta:

¿Cómo puedo emplear este conocimiento para ayudar a un amigo que sufre una pérdida dolorosa, así se trate de una ruptura amorosa o de la muerte de alguien más?

15

Cómo lidiar
con la crítica

Por más que nos resistamos a revelarle a alguien más lo que en realidad somos, debemos hacerlo. Para vivir nuestras vidas de manera exitosa, necesitamos de los demás. Necesitamos de su respeto y su buena voluntad. Cuando cambias el estilo de tu cabello o tu ropa, compras un nuevo par de gafas o un sombrero, ¿qué tan importante es para ti el primer comentario que recibes de otra persona? Si hoy recibieras cien cumplidos y una crítica, ¿cuál se quedaría en tu cabeza esta noche?

Yo igual.

¿Alguna vez te has preguntado por qué hay otros que parecen lidiar mejor con las críticas que tú?

Yo sí.

Aún hoy en día me sonrojo pensando en los largos años de innecesaria agonía y vergüenza que experimenté antes de entender que manejar la crítica es una habilidad que podemos aprender, que la crítica en sí es una oportunidad de mejorar y fortalecer nuestras relaciones, que la crítica puede ser un sincero testamento de amistad.

He hallado que es más fácil aceptar la crítica cuando aprendemos a no tomarla personal y a darnos cuenta de que puede mejorar una relación. Con frecuencia, nos equivocamos al pensar: "Si me criticas, es porque no te caigo bien".

Aprender a manejar nuestras emociones al ser criticados es una señal de madurez y es inmensamente valioso en el mundo profesional y laboral. Socialmente, es indispensable. Si una esposa se enoja continuamente ante la crítica, esto puede llevar a un peligroso silencio, la tensa paz que mencioné anteriormente. La crítica se detiene, pero también la comunicación. Eventualmente, también se acaba el matrimonio.

La manera más fácil de aprender a aceptar la crítica puede ser aprender a hacerla. Estos son seis pasos que han funcionado para mí:

SEIS PASOS HACIA UNA CRÍTICA SALUDABLE

1. ¿Puede ser cambiado?

Si no, entonces no lleves a cabo el siguiente paso. Nunca, *nunca* critiques lo que no se puede cambiar: "No te debiste haber puesto ese vestido hoy". Este tipo de crítica solo puede herir. Si es demasiado tarde, olvídalo.

Esta es la regla más difícil de cumplir, pues nos niega la posibilidad de sacarnos lo que nos pesa. Debemos aguantarnos nuestra decepción hacia otra persona cuando lo que en realidad queremos es hacérsela saber. No obstante, hay suficientes cosas en nuestra vida que debemos mejorar, así que no hay porqué gastar tiempo en lo irremediable.

2. Escoge un lugar y un momento apropiados

A nadie le gusta ser criticado frente a otros. Además de esto, ponle atención a tu genio. Soy un crítico terrible cuando estoy enfadado. Seguro que tú también.

3. Elogia

Si es posible, inicia con un cumplido. ¿Qué cosas buenas hizo la persona? Sé sincero. No digas: "Esto es genial, pero...". Di lo que *es* genial.

4. Sé específico

Si no puedes ser específico, no critiques. Si no puedes decirlo de una manera clara, ¿cómo esperas que el otro entienda?

5. Expresa confianza

Estás criticando algo que ya has determinado que puede ser corregido. Ayúdale a la persona a entender que, en efecto, puede corregirlo. Luego haz que el cambio parezca fácil de hacer.

6. Aplaude las mejoras

Debes estar ahí mañana. Hacer menos cuando has hecho una crítica es grosero. Si te has tomado el tiempo de criticar, tómate el tiempo de elogiar. Esto no solo acelerará las mejoras, hará que futuras críticas de tu parte sean vistas como sinceras y sean bien recibidas.

¿Cuál es la mejor manera en que puedo motivar a alguien a corregir un error, a modificar un comportamiento, a desempeñarse de una manera más efectiva o eficiente?

Haz de cuenta que se trata de mí.

¿Qué me gusta escuchar cuando me equivoco?

Me gusta que mi crítico me diga que todo lo demás que hice lo hice bien, que soy apreciado aunque haya cometido un error, que mi error es humano, que no fui perezoso, irresponsable o descuidado, que puedo hacerlo bien si lo intento de nuevo.

Una vez aprendemos a ejercer la crítica, podemos aprender a recibirla mejor. He aquí una guía:

CUATRO PASOS PARA ASUMIR LA CRÍTICA

1. Enfócate solamente en la crítica

No te enfoques en el crítico, en sus emociones o en las tuyas. La crítica y tú no son la misma cosa. Recuerda que una persona que se toma el tiempo de criticarte lo hace porque le importas.

2. Encuentra su valor

Debe haber algo importante en lo que te están diciendo, incluso si el mensaje es trasmitido de una manera pobre. Recuerda que la crítica es una oportunidad de mejorar. Pide que te especifiquen. Asegúrate de

entender lo que te dicen. No respondas con un "sí...
sí...". Escucha todas las cosas que te digan. Cuando
entiendas claramente, avanza al siguiente paso.

3. Evalúa

Si te has enfocado en la crítica, te has separado de la
emoción del momento y has entendido de forma clara lo que se te ha sugerido, entonces estás listo para
decidir si se trata de algo que puedes o quieres cambiar. Quizá puedas preguntarte si esta es la primera
vez que recibes esta particular crítica, si el crítico es
un observador competente (si no imparcial) y si este
tan solo está dejando salir su frustración o en realidad
hace un aporte valioso. Sin embargo, recuerda que un
crítico puede dejar salir su frustración y hacer un valioso aporte a la vez.

4. Di "gracias"

Agradécele al crítico sus comentarios y, si es posible,
toma nota de su ayuda.

Un miedo común con respecto a la crítica es que nos
hace pusilánimes, que aceptar la crítica, en particular
las fuertes, de alguna manera nos demerita. Eso no es
necesariamente cierto. Si pones en práctica los pasos
arriba delineados, entonces tú tendrás el control, no
tu crítico.

16

Cómo tomar riesgos

Para hallar la verdadera seguridad, para ser personas confiadas, para conocer el amor genuino, para sentirnos realizados y estar en paz con nosotros mismos y con los demás, debemos aprender a tomar riesgos. No hay otra manera. Nuestras vidas mejoran solo cuando tomamos riesgos, y el primer y más difícil riesgo que podemos tomar es ser honestos con nosotros mismos. Alguna vez te has preguntado: "¿Acaso necesito un cambio?". Yo sí. Y he descubierto que el solo hecho de hacerse esa pregunta es un riesgo. Si mi respuesta es "sí", debo hacer algo o, de lo contrario, sentirme frustrado.

¿Necesitas *tú* un cambio?

Este capítulo está destinado a ayudarte a responder esa pregunta, a explorar tus oportunidades y a entender lo que en realidad sucede cuando tomas un riesgo.

Luego te ayudará a anticipar y responder al tipo de dudas que emergen cada vez que buscas alcanzar una meta más grande que cualquier otra que antes hayas intentado alcanzar. Vamos a examinar los factores dinámicos y las tres pérdidas comunes a todo riesgo. ¿Quieres más amor, estima, poder y seguridad? De nuevo: *¿Necesitas tú un cambio?*

Si buscas en el diccionario la palabra "riesgo", encontrarás que la definición está llena de palabras como "peligro", "osadía", "amenaza", "problema", "exponerse", "posible herida", "dañar" y "pérdida". Entonces, ¿es de sorprenderse que tomar riesgos nos ponga tan ansiosos? Después de todo, ¿acaso no nos han dicho toda la vida que debemos evitar el peligro, las amenazas, los problemas?

Es claro que tomar riesgos es difícil y que el peligro es una parte vital de esto. Arriesgarse es ir mucho más allá de lo que hemos ido antes.

Si tomar un riesgo es algo tan bueno para nosotros, ¿entonces por qué dudamos?

Quizá estés luchando con algunos de los mismos miedos que me atormentaron durante años. Por ejemplo, me preocupaba que, si decía lo que honestamente estaba sintiendo, los demás me verían como yo en realidad era: *"¿Qué voy a hacer cuando se den cuenta de que yo soy yo?"*. Puede que también te sientas tan tenso como yo por las cosas que podrías perder. Ahora, además de esas dos clásicas preocupaciones, considera que a muchos de nosotros se nos ha enseñado desde niños a cómo no tomar riesgos. Como lo discutimos en el capítulo 5, una buena parte de nuestra niñez tuvo que ver con qué *no* hacer ("¡No toques eso!" "¡No te comas eso!"

"¡No camines por ahí!" "¡Deja eso quieto!"). Desde nuestros más tiernos años, se nos ha enseñado a respetar los límites. Así pues, no es raro que tanta gente crea que sus decisiones no los definen, que la vida les pasa a ellos y no está determinada *por ellos*.

Sin embargo, el riesgo —por más prohibido que haya sido cuando eras más joven— es inevitable. ¿Acaso no hemos enfrentado todos la posibilidad de un nuevo trabajo, de un cambio, de hacer un amigo o perder un amor? ¿Acaso no hemos rechazado una oportunidad, particularmente a medida que crecemos, porque nos resistimos a ser vistos como principiantes, como novatos?

Y cuando somos verdaderamente honestos con nosotros mismos, ¿a qué es lo que más le tememos?

No quiero fracasar y no quiero sentirme avergonzado

Sí. El miedo al fracaso y a la humillación se incrementan en cualquier ser humano que se enfrenta a decisiones importantes.

Bien, soy normal; pero, ¿puedo aprender a reducir la cantidad de nervios que siento cuando enfrento riesgos?

Sí, sí puedes. Empecemos.

DESAFÍO NÚMERO 18: OBJETIVOS

Quisiera que te enfocaras en dos preguntas que casi todos los estudiantes se hacen al tomar *Sé valiente: el curso completo para desarrollar confianza en ti mismo:* "¿Qué es lo que realmente quiero?" y "¿qué necesito?". Has trabajado duro para llegar a este punto. Has debido reevaluar tus actitudes, cambiar de percepción, desafiarte a ti mismo. Has tenido que escribir y *pensar* mucho. Sé que estas lecciones y desafíos no son ningún paseo en el parque. Pero, como estoy seguro de que habrás notado, estos ejercicios aportan al crecimiento de tu confianza. Sí, todo esto funciona. Así que sigamos adelante.

Antes de continuar con la lectura, considera una vez más esas preguntas: *¿Qué es lo que realmente quiero? ¿Qué necesito?* Si puedes, establece las respuestas como "objetivos". Ahora vamos a explorar los riesgos que debemos tomar para alcanzar estos objetivos. De nuevo, anota tus respuestas. Y recuerda que los objetivos cambian. No es necesario que planees cada pedazo de tu futuro. Respira con calma y tómate tu tiempo.

La esencia de todo riesgo puede hallarse en una sola pregunta: "¿Qué es lo que quiero pero temo buscar?". Desde nuestro primer respiro, queremos más. Y sea lo que sea que busquemos —ya sea amor, poder, autoestima—, ¿qué es lo que nos lo impide?

Yo creo que es el *miedo a perder*.

Cuando enfrentamos un riesgo, ¿acaso lo que más nos preocupa no es lo que podamos perder? Y, sin embargo, irónicamente, con frecuencia fracasamos al identificar lo que *esas cosas* pueden ser. Algunas veces todo lo que tenemos es una sutil sospecha de que vamos a perder *algo*. Por sí sola, esa sutil sospecha me ha detenido a mí en muchas ocasiones más de una vez. Cuando no puedo identificar mis posibles pérdidas, mi ansiedad se dispara. Me he dado cuenta de que, en el momento en que la presión de tomar el riesgo es más fuerte, experimento la necesidad más fuerte de retirarme.

Afortunadamente, he aprendido que para tomar riesgos de manera inteligente, debo tomar en cuenta tres tipos de pérdidas presentes en cada riesgo que valga la pena:

LOS TRES TIPOS DE RIESGOS

1. La pérdida positiva

2. La pérdida práctica

3. La pérdida potencial

La pérdida positiva es una pérdida de inocencia e ignorancia. Esto ocurre cuando me admito a mí mismo que ya no estoy satisfecho con una determinada situación. Este reconocimiento me incomoda, porque, una vez admitida la verdad, debo tomar una decisión: no hacer nada y seguir estando insatisfecho, o actuar y arriesgarme a asumir las consecuencias. La satisfacción se ha perdido. Cuando un empleado dice: "No me gusta mi trabajo", él o ella acepta una pérdida positiva. Cuando un estudiante decide: "Necesito más educación", él o ella acepta una pérdida positiva.

La pérdida práctica, el segundo tipo de pérdida presente en cualquier riesgo que valga la pena, es lo que debo dejar atrás para poder seguir adelante. Por ejemplo, para asumir un nuevo empleo, debo dejar ir el anterior. De igual manera, para disfrutar de un nuevo romance, una mujer debe salir de su viejo y aburrido novio. Y, para salir a estudiar en el exterior, un estudiante debe dejar su hogar. Aunque una pérdida positiva implica tomar una decisión, gran parte de la ansiedad que sentimos se debe a nuestra pérdida práctica. Como los soldados en la guerra, muchos de nosotros lucharemos con más fuerza por aferrarnos a lo que tenemos que por adquirir algo nuevo. No es fácil dejar algo ir, incluso cuando se trata de un trabajo que odiamos o una relación que nos entristece.

La pérdida potencial es la pérdida tangible que puede ocurrir si tomo un riesgo y el resultado no es el que esperaba. La pérdida potencial es, con frecuencia, la más fácil de identificar y la más discutida: ¿Qué pasa si me despiden de mi nuevo trabajo? ¿Qué hago si mi nuevo romance no funciona? ¿Qué si fracaso en la universidad?

DESAFÍO NÚMERO 19:
ACEPTANDO LA PÉRDIDA

Repasa tus respuestas a las preguntas: "¿Qué es lo que realmente quiero?" y "¿qué necesito?" Es perfectamente saludable que desees más cosas para ti. Esa es una de las mejores partes de ser un ser humano: *Estamos hechos para crecer.* Y ten en mente que la esencia de todo riesgo se encuentra en la pregunta: "¿Qué es lo que quiero pero temo buscar?".

He tomado riesgos y fracasado. Sin embargo, tengo claro que los únicos riesgos que lamento son los que no tomé. Las veces en que no he ido más allá de aceptar una pérdida positiva —reconocer que no estaba feliz sino negado a tomar un riesgo— han sido para mí más dolorosas que cualquier otro fracaso. ¿Por qué? Porque me quedo pensando: "¿Qué habría pasado si hubiese tomado el riesgo?". Nunca lo sabré. Por otro lado, he aprendido algo de cada riesgo que he tomado, no importa en lo que haya resultado.

Es normal sentir miedo por las consecuencias que puede traer un riesgo. Tu tarea es identificar tus pérdidas positivas, prácticas y potenciales. Anótalas. Luego responde a esta pregunta: "¿Cuáles serían para mí las pérdidas más difíciles de aceptar?".

En los Estados Unidos, insistimos en que los niños empiecen el jardín infantil a una edad específica y esperamos que se gradúen del colegio hacia finales de su adolescencia. Nuestras compañías, a menos que estén limitadas por leyes laborales que prevengan insistir en el retiro de empleados, crean programas para invitar a aquellos de una edad particular —con frecuencia, a partir de los cincuenta— a retirarse de sus trabajos. ¿Por qué? Porque esperamos (y muchas veces requerimos) que las personas de cierta edad se comporten como *nosotros* creemos que deberían hacerlo. ¿Qué edad debe tener una persona para poder comprar licor? Muchas veces escuchamos algo como: "Compórtate como alguien de tu edad". Se le dice a la niña de diez años que se pinta la cara con una cantidad exagerada de maquillaje, se sube en los tacones de su madre y enciende un cigarrillo. Y lo mismo se le dice al abuelo que monta su motocicleta *Harley Davidson*, recoge a su novia joven y se va a un club nocturno. Hemos aprendido a medir nuestras vidas, nuestro progreso —con frecuencia, nuestro valor como seres humanos— por nuestra edad, y ninguna otra medida conocida por la humanidad resulta tan imprecisa.

Yo creo que se nos anima constantemente a internalizar un calendario que nos causa angustia indebida, decepción e incluso tragedia.

¿Qué es la "edad adecuada"? A mí me parece que a veces nos dan una carta de evaluación, y nuestras calificaciones dependen de momentos en el tiempo: me casé "tarde", me casé "temprano". Con qué frecuencia nos preguntamos: "Para la edad que tengo, ¿estoy haciendo las cosas bien?" "¿Soy demasiado joven?". Esto, en un siglo donde la expectativa de vida incrementa continuamente. ¿Qué momento es "la mitad de la vida"? ¿Cuarenta, sesenta, setenta y cinco?

La edad cronológica es una guía floja para nuestra salud, para el estatus de nuestra carrera, para muchas de nuestras necesidades reales. ¿Qué tan emocionalmente seguro está el joven de veintinueve años que ha saltado de riesgo en riesgo hasta convertirse en vicepresidente, pero que ahora está deprimido porque no va a ser presidente a los treinta? ¿Qué tan adulto es el viudo que primero se arriesga a casarse con una mujer más joven y luego se niega a tener un hijo que ambos quieren porque le preocupa cómo se verá eso?

Mi punto no es negar que el momento de los acontecimientos cruciales en nuestra vida sea importante. Casi todo lo contrario. Si tu madre muere cuando tienes siete años, sin duda el impacto va a ser mayor que si muere cuando tienes 37.

El riesgo se nos suele imponer cuando menos lo esperamos, y la manera en que respondemos a él determina la calidad de nuestras vidas.

He encontrado que los más exitosos tomadores de riesgos se sobreponen a los desafíos inesperados gracias a la fuerza de sus convicciones. Lo que distingue a las personas más exitosas del mundo no es algún tipo de paz interior, sino la manera en que han aprendido a organizar sus vidas alrededor de una idea y a concentrarse en ella, a pesar de los imprevistos. Son adultos: ven más allá de sí mismos.

Como deberíamos hacerlo tú y yo.

Ya he dicho que los riesgos que vale la pena tomar son aquellos que te lleven a la vida más gratificante: cuando nos comprometemos con grandes ideales, ya hemos tenido éxito antes de conocer los resultados. Como lo recordarás, la verdad es la base del segundo de los siete pasos hacia la autorrealización, que *es creer en algo grande*. También dije que no es posible que ni tú ni yo seamos un recipiente vacío. Los seres humanos no están hechos así. *Todo el mundo cree en algo.* Puede tratarse o no de Dios. Puede ser el poder o el dinero, una carrera o un amigo, la ciencia, un principio... *algo.* Lo que sea que nos pongamos en frente —en lo que sea que creamos— es hacia lo que nos dirigimos. Puede que te resulte útil una historia que me contó el Padre Joseph Kelly de la Iglesia St. Anthony, en el Bronx de Nueva York. Se trata de un joven sacerdote que empezó a dudar de su vocación:

Una tarde, mientras caminaba por una calle de la ciudad hacia finales de otoño, el joven padre se cruzó con un niño sin hogar, flaco, con su chaqueta roída, su pequeño cuerpo enroscado sobre una rejilla de la calle, intentando absorber el calor que salía del túnel del metro.

"¡Dios mío!", exclamó el cura con gran frustración. Se quedó mirando al niño que temblaba.

"Dios", preguntó, "¿por qué permites esto? ¿Por qué no haces algo al respecto? ¿Acaso te importa un rábano?".

Entonces, para su sorpresa, en su mente escuchó por primera vez lo que inmediatamente supo que era la voz del Señor:

"*Sí* me importa", le dijo, "y *sí* he hecho algo al respecto. Te he creado a *ti*".

DESAFÍO NÚMERO 20: RIESGOS

Echemos otro vistazo a las necesidades que describiste en los últimos dos ejercicios. Cuando los redefiniste como objetivos y riesgos, quizá hayas descubierto que tus pérdidas prácticas son las más difíciles de asumir. Con frecuencia lo son. Siempre es difícil dejar ir lo que tenemos y lo que conocemos. Para construir autoconfianza y crear una mejor vida para ti, tan solo debes dejar ir: *Debes tomar riesgos*.

Si no haces nada, se reducen tus posibilidades de ser más feliz. Cuando evitamos los riesgos, es inevitable que tengamos que conformarnos con menos.

Así que lo que quisiera hacer ahora es dar un paso más hacia la toma de riesgos. Tan honestamente como sea posible (recuerda que nadie más va a ver lo que escribas), pregúntate si tus objetivos y necesidades se tratan más de "confianza", de "identidad" o de un "propósito más grande".

Por ejemplo, una estudiante me dijo que su mayor deseo era ser famosa. Así pues, la clave era "identidad". Si su objetivo hubiese sido ayudar a los demás, entonces quizá lo hubiese clasificado como "propósito más grande". Si me hubiera dicho: "Quiero ser respetada", entonces se trataría tanto de "identidad" como de "propósito más grande". Si hubiera dicho: "Quiero amigos", quizá podríamos reunir allí los tres elementos, siendo alguno más importante que los otros. ¿Qué piensas tú?

Si tu riesgo es específico ("quiero ser ascendido al puesto de supervisor asistente de mi departamento"), entonces describe qué es lo que te da miedo. Cuando hagas eso, estoy seguro de que descubrirás elementos de *confianza, identidad o propósito más grande*.

CUANDO EL RIESGO ES CUESTIÓN DE VIDA O MUERTE

En los treinta años que han pasado desde que serví en Vietnam, he notado que hay miles de personas que hablan con facilidad en lenguaje militar sin nunca antes haber vestido un uniforme. Eso puede ser irritante. He oído a líderes de negocios comprometerse con "batallas salariales" en el mercado, a "no tomar a nadie como prisionero", a "buscar y destruir" a la competencia. He quedado perplejo al ver que ambiciosos ejecutivos describen un reto corporativo como "esta guerra".

No, no lo es. *La guerra* es la guerra.

Así pues, podrás entender por qué, un día, decidí preguntarle sobre el riesgo a un verdadero guerrero. Necesitaba hablar con alguien que, en realidad, toma decisiones de vida o muerte, un líder que debe decidir quién, en su unidad, deberá enfrentarse a un combate mortal. No el juego, el evento.

Le pregunté al comandante de los Marine Corps de los Estados Unidos, el General C. Krulak, lo que le parecía que sus hombres ganaban del especial énfasis en toma de riesgos de los Marine Corps que, en particular, se les daba a las tropas desde el primer día de entrenamiento básico.

"Poniéndonos a prueba frente a lo desconocido", me dijo, "probándonos a nosotros mismos lo que podemos hacer, construyendo nuestra confianza, enfrentando la incertidumbre y perseverando: estas son las acciones que construyen autoconfianza, espíritu y cohesión bajo presión. *Tomar un riesgo es necesario tanto para crecer como para desarrollar un patrón de éxito.* Para los Marines individualmente como para los cuerpos en general, aprender a manejar riesgos es algo fundamental para triunfar en el combate".

"El riesgo es inherente al combate y a la hora de responder a situaciones que pueden llevar a él. El campo de batalla está lleno de incertidumbre. Para funcionar de una manera efectiva, los Marines deben estar preparados para actuar con inteligencia en el terreno de lo incierto".

"Tomando un riesgo calculado, al llevar a cabo una acción bien concebida a pesar de no contar con toda la información que nos gustaría tener, somos capaces de aprovechar al máximo las oportunidades: *En el campo de batalla, nunca podemos saber todo lo que quisiéramos sobre el enemigo, pero tampoco podemos esperar que se dé una situación perfecta.* Cada misión implica un riesgo. No puedes ponerte un objetivo, rescatar a un piloto que ha sido derribado, evacuar una embajada sin tomar riesgos".

Y ni tú ni yo podemos alcanzar objetivos ni satisfacer nuestras necesidades sin tomar riesgos.

17

Cómo tener carácter

Se te ha animado a buscar en tu propia experiencia obstáculos ocultos que puedan estar frenándote. Sin embargo, para cambiar tu vida, debes hacer mucho más que calcular las consecuencias de un riesgo. Debes tomar acción.

Así que avancemos.

Cuando debo tomar decisiones cruciales en mi vida, me ha ayudado el consejo que la actriz Marlo Thomas me dio hace años. Le pregunté qué se interponía en al camino de cualquiera que persigue un sueño: "cuando juntamos todos los hechos que consideramos se nos oponen", me dijo, "esos hechos pueden detenernos antes de empezar. Podemos tener claro todo aquello que nos desanima: 'Soy muy viejo, muy joven, muy bajo, muy alto, poco preparado, inexperimentado, no estoy listo'.

Y, si se nos escapa algún detalle, siempre podemos encontrar alguien que nos ayude a 'enfrentar los hechos'. Después de todo, estos hablan por sí mismos, solo que no son ciertos. Todos esos hechos unidos no dicen nada. Los más importante es lo que en realidad quieres, por lo que estés dispuesto a trabajar, a luchar, a arriesgarte".

Como me lo aconsejó Marlo, no solo debes saber cuáles son los riesgos, sino por qué lo son. Persigue tus propios sueños, no los de tu madre, tu pareja o tu amigo. Asegúrate de que tus decisiones sean en realidad *tuyas*. Cuando decidimos quiénes somos *(lo que soy, lo que tengo, lo que parezco ser)* y cuando, con sinceridad, nos revelamos a nosotros mismos *por qué* estamos asumiendo un riesgo, estamos aprendiendo a ser adultos.

Los riesgos inspirarían mucho menos temor si siguieran un patrón, con cada pregunta llevando de forma predecible a otra más difícil. Pero los riesgos no son peldaños en una escalera. Un riesgo es como una brecha que se abre más y más en un puente levadizo. No caminamos sino que *saltamos* por encima de ellos. Es por eso que dan miedo: ¿cómo podemos saber lo que va a decir nuestro jefe de nuestra renuncia hasta que no se la entreguemos? Tampoco podemos saber lo que hará nuestra pareja hasta no arriesgarnos a decirle adiós. Los riesgos nos generan temor precisamente por su nivel de incertidumbre.

Si pudiéramos predecir con total precisión lo que va a ocurrir si tomamos un riesgo, no sentiríamos ansiedad alguna. Nos preocupamos porque nos importa. No nos afanamos por lo que no tiene ningún valor para nosotros. Así pues, teniendo en cuenta el miedo, llegamos a otro factor en la toma de riesgos: el coraje.

El coraje, como ya he dicho, es siempre una sola cosa: actuar con miedo, no sin él.

Para ser valientes, debemos tener miedo.

La anfitriona de shows de televisión Denise Richardson una vez me contó cómo había aprendido a hacer *bungee-jumping*. Encaramada en un puente a veintidós pisos del agua, era entendible que estuviera asustada. Su instructor le dijo que considerara lo que sentía en ese momento. Como te puedes imaginar, no era algo muy agradable. Él le dijo que, mientras se aferrara con fuerza al puente, seguiría sintiendo la terrible quemazón del miedo; pero que, si saltaba, se sentiría llena de emoción. "Aquí arriba está el dolor", le dijo. "Allá abajo, la alegría. ¿Cuál prefieres sentir?".

Denise resbaló. Me dijo: "Él tenía razón". Tomar riesgos construye confianza. Entre más riesgos tomemos, mejor nos volvemos en ello. Puedes aprender a dominar el proceso de la toma de riesgos sin tener que resbalar de un puente. Más aún, puedes encontrar dentro de ti los motivos nobles para hacer tus sueños realidad.

¿Has escuchado la antigua fábula de la pequeña águila que se negaba a mirarse bien a sí misma?

Por accidente, un granjero encontró un águila en una colina. La cargó hasta el corral de gallinas de su granja y la dejó al lado de unos huevos, en el nido de una gallina. Más tarde, el águila se vio entre un grupo de pollos.

A medida que el águila creció, hizo lo que hacen los pollos, pues estaba convencida de que era uno más: cacareó. Batió sus alas para volar unos pocos pies. Como una verdadera gallina, no buscó ninguna comida más exótica que las semillas e insectos que hallaba al escarbar la tierra.

Un día, el águila miró hacia el cielo y vio la más sorprendente criatura que jamás había visto.

"¿Qué es eso?", se preguntó, intrigada por la majestad de la silueta que se alzaba con gracia en amplios círculos dentro y fuera de las nubes.

"Eso", le dijo un gallo en tono secreto y reverente, "es un águila, la más grandiosa de las aves".

"Wow, me gustaría hacer eso".

"Olvídalo", dijo el gallo. "Somos diferentes".

Así que la pequeña águila se olvidó de ello y, cuando murió un año más tarde, lo hizo creyendo que era una gallina.

¿Reconoces quién es la pequeña águila? Algunas veces somos nosotros, ¿no lo crees?

Afortunadamente, si nos esforzamos, tenemos el poder de salir volando de nuestros nidos. Podemos examinar nuestras propias experiencias y crecer. Podemos preocuparnos bien, lo cual implica dirigir nuestros miedos y ansiedades a canales positivos. Podemos enfocarnos en las soluciones. Cuando parezca más seguro cacarear, recuerda que fuiste hecho para volar. Has dado un paso en esa dirección, llevando a cabo un acto de seguridad al ponerte a trabajar en *Sé valiente: el curso completo para desarrollar confianza en ti mismo.*

Ahora que sabemos cómo hallar el coraje para alzar vuelo, estamos listos para retomar los siete pasos hacia la toma de riesgos:

SIETE PASOS HACIA LA TOMA DE RIESGOS

1. Asume la responsabilidad

Tu vida es solo tuya, y vivir como un adulto es aceptar que ningún esfuerzo por sí solo resolverá todos tus problemas o te llevará a alcanzar todos tus sueños, ni siquiera será suficiente. El querer ser más de lo que somos es real, normal y saludable.

2. Define una meta clara

No podemos tener éxito si fallamos en esto. Sin un objetivo claro, no podemos saber cuál es progreso en un determinado riesgo o si quiera estar seguros de cuándo renunciar (cuando le pregunté a la entretenedora Carol Burnett a qué era lo que más le temía, me respondió: "A despertarme un día y darme cuenta que no tengo ninguna meta. *Eso* sería aterrador").

3. Revisa tus pérdidas positivas, prácticas y potenciales

La verdad es que es difícil asumir una pérdida, en especial una pérdida práctica. Sin embargo, cuando debes decidirte a dejar ir algo, te puede ser útil el consejo que Denise Richardson recibió de su instructor de *bungee-jumping* estando en lo alto de un puente: "Aquí arriba está el dolor", le dijo. "Allá abajo, la alegría. ¿Cuál prefieres sentir?".

4. Pregúntate: "¿Estoy respondiendo como un niño, un adolescente o un adulto?"

¿El riesgo en sí mismo se trata de confianza, de tener un mejor sentido de tu propia identidad o de un propósito más grande? He aprendido de la experiencia que, cuando nos enfocamos en riesgos que tienen un mayor propósito, no podemos equivocarnos. Incluso si los resultados no son los que esperamos, habremos aprendido algo. Sin embargo, ten cuidado: los riesgos que tomamos porque estamos heridos o enojados o celosos, con frecuencia, son poco sabios y poco gratificantes, sea cual sea su resultado.

5. Decide

Antes de hacerlo, consideremos un consejo de Hugh Downs, un hombre que ha tomado muchos riesgos, desde dominar su miedo al agua hasta ser el anfitrión del show televisivo 20/20: "Si empezamos tomando pequeños riesgos", dice, "esto nos anima a tomar otros más grandes. Y si, honestamente, sabemos lo que está en juego, podemos arriesgarnos de una manera más sabia. Por ejemplo, si me preguntaran que si quiero manejar un auto a 125 mph en la Ruta 101, tendría que decir: 'Sí y no'. Solo por manejarlo, diría: 'No'. El riesgo es demasiado alto. No obstante, si me dijeran que mi hijo está al final del camino en serio peligro y que necesita mi ayuda con urgencia, diría: 'Sí'. Y, por supuesto, para darnos a nosotros mismos la mejor oportunidad de tener éxito en cualquier riesgo, debemos prepararnos bien... debo prepararme como si mi vida dependiera de ello, pues, después de todo, así es".

6. Revisa tus tiempos

No te valgas de esta excusa legítima para dudar. En cada riesgo crítico hay, por supuesto, un momento demasiado pronto, un punto en el que no estamos listos, ya sea emocional o sustancialmente, para seguir adelante. Si lo intentamos, fracasamos. Con todo, casi nunca es un buen momento para arriesgarse. La vida es demasiado impredecible. De manera que, lo mejor

—y lo más inteligente— que podemos ser es honestos: "¿Cuándo es el mejor momento para tomar un riesgo? ¿Qué pasa si *en ese momento* no hago nada?". Sin duda, si somos tan impulsivos como lo fuimos cuando adolescentes, incrementamos nuestra probabilidad de fracasar. Sin embargo, casi siempre nuestra preocupación por si es demasiado pronto para tomar un riesgo es una excusa para divagar, para pensar más de la cuenta en si actuar o no actuar. *Tú* sabes dónde estás. Y *es* el momento.

Ahora que has escalado seis de los siete pasos, estás listo para tomar ese riesgo.

7. Actúa

Puedes ser confiado. Te lo has ganado.

El sexto de los siete pasos hacia la autorrealización es esencial para lo que has aprendido sobre la toma de riesgos:

EL SEXTO PASO HACIA LA AUTORREALIZACIÓN

1. Saber quién es el responsable

   Acepta la responsabilidad personal por tu comportamiento. Cuando dices: "Yo soy responsable", puedes construir una nueva vida, incluso un nuevo mundo.

2. Creer en algo grande

   Tu vida es digna de un motivo noble.

3. Practicar la tolerancia

   Te querrás mucho más a ti mismo y también lo harán los demás.

---

4. Ser valiente

Recuerda: el coraje es actuar *con miedo*, no sin él. Si el desafío es importante para ti, se supone que debes estar nervioso.

5. Amar a alguien

Pues debes conocer la dicha.

6. Ser ambicioso

Ningún esfuerzo por sí solo resolverá todos tus problemas o te llevará a alcanzar todos tus sueños, ni siquiera será suficiente. El querer ser más de lo que somos es real, normal y saludable.

De nuevo: ningún esfuerzo por sí solo resolverá todos tus problemas o te llevará a alcanzar todos tus sueños, ni siquiera será suficiente. El querer ser más de lo que somos es real, normal y saludable.

18

Cómo dar una gran charla

Se te ha pedido que hables frente a un grupo. ¿Acaso bailan alborotadas mariposas por tu estómago? ¿Le hablarás a una audiencia de tres amigos, trescientos colegas, 3.000 extraños? No importa. Las rodillas tiemblan sin importar el tamaño del salón. Por supuesto, hay una pregunta que tiende a salir a flote en momentos como este: "¿Qué es lo que sé?".

¡Felicitaciones! Tengo buenas noticias para ti. Vas a dar una gran charla. Y aunque ahora parezca tan improbable, es bien probable que disfrutes de la experiencia. ¿Por qué? Porque vas a aprender cuatro simples pasos para una presentación efectiva:

Cuatro elementos de las charlas efectivas:

1. Investiga sobre lo que vas a decir

2. Organiza lo que vas a decir

3. Ensaya lo que vas a hacer

4. Dilo

1. INVESTIGA

Empezamos con una tarea. Una gran charla inicia aquí con tres asignaturas distintas.

Primero, contesta la pregunta: "¿Cuál es mi mensaje?". Vas a vender algo. ¿De qué se trata?

Segundo, anota en orden de importancia los puntos clave que debes exponer.

Tercero, responde a la pregunta: "Luego de acabar mi gran charla, ¿qué espero de mi audiencia?". Debes saber *por qué* y a *quiénes* le estarás hablando (entre otras cosas, cada vez que me invitan a hablar, pregunto: ¿quiénes son las personas que estarán en el auditorio? ¿Qué desean que logre mi charla? ¿Cómo hago para saber si tuve éxito?).

Puedes estar seguro de que todos escuchamos la misma estación de radio, QHEEPM: *¿Qué hay en eso para mí?* Con esto en mente, asegúrate de incluir en tu investigación una frase que describa qué necesidad de la audiencia llenará tu mensaje.

¿Crees en tu mensaje? Puede que te enredes hablando, digas la palabra equivocada, te olvides de dónde ibas, tropieces al subir al podio (a mí me han pasado todas estas cosas). Pero, si eres sincero —si crees en lo que estás diciendo—, la audiencia te dará con gusto una segunda oportunidad, incluso una tercera y una cuarta. ¿Por qué? A las audiencias hay que ganárselas.

En cambio, si no eres sincero, si no crees en lo que vas a decir —no importa qué tan bien manejes lo demás— es casi seguro que fracasarás. No seas un farsante. Sé inteligente: escoge un mensaje que te emocione genuinamente. Además, debe haber un título atractivo en algún lugar de la frase que anuncie tu mensaje.

2. ORGANÍZATE

Si has preparado tu investigación con juicio, entonces has recolectado más de lo que necesitas. ¡Muy bien! Vamos a editar. Ya has anotado puntos clave. Pues bien, ¿cuáles necesitas en verdad? Escribe cada uno en una frase sencilla. Luego, escoge tres hechos (menos, si es posible) que apoyen esos puntos clave. Luego, si el destino de la tierra dependiera de que tú escogieras uno solo hecho para cada punto, ¿cuáles serían? Anota cada hecho en una frase sencilla y ubícalo al lado de su correspondiente punto clave.

Siguiendo con esto (¡amo editar!), ¿qué historia ilustra tu mensaje de la mejor manera?

Echemos un vistazo al lugar en que te encuentras:

- Verdaderamente crees en lo que vas a decir

- Tienes un título llamativo en la frase que tiene el mensaje

- Tienes unos puntos clave, cada uno apoyado por una evidencia singularmente sólida

- Tienes una historia relevante que une todo lo anterior

Parece que tienes todo lo necesario para llevar a cabo una gran charla. ¡Vamos!

3. ENSAYA

Para tu primer ensayo, solo utilizarás la estructura básica que acabas de crear:

- Título

- Puntos clave

- Evidencia

- Historia

Sin embargo, antes de seguir adelante revisemos tu historia. Esta debe seguir las dos reglas fundamentales de la narración de historias que hemos aprendido en el capítulo 9:

1. Escoge una historia para tu audiencia

2. Escoge una historia que te guste

De nuevo: así tengas una audiencia de una persona o de 1.000.000.000, las dos reglas aplican.

Bien, estás listo.

4. DILO

Hasta este punto, todo lo que necesitas no alcanza a llenar una hoja de papel: tienes una idea, una estructura, unas pocas frases. Solo con este material, encuentra un lugar silencioso, alista tu reloj para que puedas tomar el tiempo, enciende una grabadora y da tu charla.

¡Un momento! ¿Por dónde empiezo?

Como dijo el viejo Alex Haley sobre las narraciones: "Empieza por el principio y cuenta la primera cosa que ocurrió". Primero cuenta tu historia. Por ejemplo, imagina que tu meta es inspirar a una clase de estudiantes para que continúen con su educación y escoges la siguiente historia de la vida real para ilustrar tu mensaje:

EL BOBITO

El pequeño niño vivía en Detroit con su hermano y su madre, que se había casado a los trece, pero se había divorciado hace poco. Su nombre era Ben, pero sus compañeros del quinto grado lo llamaban "El bobito".

Muy preocupada, su madre les pidió a Ben y a su hermano que escribieran dos informes de libros a la semana que ella leería. Así pues, empezaron a visitar regularmente la biblioteca pública de Detroit.

Un día, el profesor de ciencias de Ben trajo una roca negra y brillante, y le preguntó a la clase si alguien sabía lo que era. Nadie respondió. Ben levantó su mano. Él recordaría ese momento toda su vida: "Todo el mundo se dio vuelta y me miró, y empezaron a codearse y a reírse porque sabían que iba a decir algo muy estúpido".

Pero, entre las risas, Ben se levantó, identificó correctamente la roca y le contó a la clase cómo había sido formada. Sus compañeros de clase estaban completamente atónitos. A Ben le agradó lo que sintió: "Fue en ese momento", recordaría después, "en que me di cuenta que no era estúpido". Conocía la respuesta porque había estado leyendo libros. Así que, se preguntó: "¿Acaso no estoy cansado de ser un bobito? ¿Qué pasaría si leo libros para todas mis materias?".

Para la mitad del sexto grado, Ben era el mejor de su clase. De nuevo, tuvo en excelente desempeño en la secundaria, y luego estudió y se graduó tanto de la universidad de Yale como de la Facultad de Medicina de la Universidad de Michigan.

A los 33, fue nombrado director de pediatría del Hospital John Hopkins en Baltimore. Y fue él, el Dr. Benjamin Carlson, quien, en 1987, lideró al equipo que, por primera vez en el mundo, llevó a cabo una exitosa separación de siameses unidos por la parte posterior de la cabeza. También fue pionero de otros importantes procedimientos quirúrgicos.

Por cierto, lo que el joven Ben no sabía era que su madre —debido a su limitado nivel de educación— no podía leer los reportes de libros que les había asignado a sus dos hijos.

¿Disfrutaste de esta historia verdadera? Si te llegó a *ti*, le llegará a tu audiencia.

Bien, has empezado con una historia. Ahora debes dar tus puntos clave. Habla despacio. Cita tu evidencia. Habla despacio. Concluye refiriéndote de nuevo a tu historia de Ben Carson, quizá con palabras como:

"Así que, ¿a quiénes de ustedes les gustaría ser como Ben Carson?

(Pausa).

Él sería el primero en decir que es posible. *Es posible* vivir los sueños... *si* haces lo que hizo Carson:

Valora el aprendizaje. Aprovecha la escuela. Haz lo más inteligente.

Sé que pueden. Espero que lo hagan.

(Pausa).

Gracias".

Puede que los estudiantes no recuerden todos tus puntos claves u otro tipo de evidencia, pero es posible que recuerden durante mucho tiempo al pequeño niño al que le llamaban "El bobito". Eso es poder, y lo tienes a tu alcance. *Tú* eres un narrador de historias. Como te lo recordé en los capítulos 8 y 9, has estado escuchando y contando historias durante toda tu vida. La narración de historias es una parte tan importante de nuestras vidas, que la damos por sentado y no reconocemos su poder sobre nosotros y sobre los demás. En realidad, una historia puede divertir, desarmar, enseñar y motivar; puede establecer una idea, ganar un amigo o cerrar un negocio.

De nuevo, sigue las dos simple reglas para escoger una historia: Escoge una historia para tu audiencia. Escoge una historia que te guste.

Luego cuenta tu historia de la manera más sencilla —y breve— que puedas. Las historias complejas son difíciles de narrar y difíciles de seguir (pude haber descrito la maravillosa vida familiar de Ben hoy en día o los importantísimos honores que ha recibido. De hecho, libros enteros se han dedicado a los logros de este hombre). *Mantenlo sencillo.*

Deja que tus historias se vendan a sí mismas. Nunca digas cosas como: "Esta es una historia muy graciosa" o "¡Espera a que escuches cómo acaba esta!". Solo cuenta la historia y asegúrate de que todo lo que digas lleve a la conclusión de la historia. No te vayas por las ramas, eso es tedioso (recuerda lo que no te conté sobre Ben Carson). Finalmente, debes saber cómo se crea la tensión y cómo se da el descubrimiento en cada historia que narres. Como se explica en el capítulo 8, la *tensión* y el *descubrimiento* son lo que mantienen a una audiencia en vilo, retiene su atención y hace que una historia se absorbente.

Vemos que la tensión se da en la vida real porque ninguno de nosotros sabe a ciencia cierta lo que va a pasar. La tensión es lo que hace a la vida interesante. Somos curiosos; nos anticipamos. La tensión en la vida es auténtica. Una historia bien contada es similar, con la excepción de que la tensión es creada de manera artificial. Los narradores de historias crean tensión haciendo o sugiriendo una pregunta tan pronto como se pueda en el relato. Cuando sea que esta pregunta se conteste —cuando se hace el descubrimiento— la tensión se acaba.

Considera algunas de las preguntas que, de entrada, suscita la historia de Ben Carson: ¿Quién es Ben? ¿Siempre será "El bobito"? ¿Le ayudarán los informes de libros? ¿Levantará su mano en la clase? ¿Responderá correctamente a la pregunta? ¿Será humillado? En la historia de Ben Carson, hay una cuestión universal que nos toca a todos: *¿Qué voy a hacer cuando se enteren que yo soy yo?* El mayor riesgo que podemos tomar es permitirle a otros que nos vean tal cual somos: Cuando Ben se levantó, todos nos levantamos. La gran pregunta es: ¿lo logrará Ben? Es por eso que la historia puede continuar hasta que nos enteremos (descubrimiento) quién es Ben hoy en día, y seamos conmovidos por la verdad (segundo descubrimiento): que la mamá de Ben no sabía leer.

Así que, con una buena historia bajo la manga, un título, puntos clave y evidencia a la mano, estás listo para empezar a ensayar de nuevo.

Vuelve a ese lugar silencioso que hallaste, pon a funcionar tu grabadora, alista tu reloj y *habla*.

Tan pronto termines, reproduce la grabación (como la mayoría de las personas, me estremezco ante el sonido de mi propia voz grabada. Si te pasa lo mismo, no importa. De igual manera, escucha).

Ensaya de nuevo, esta vez con más sentimiento.

Imagínate frente a tu audiencia. Desesperadamente quieres que te entiendan.

¿Puedes ver sus ojos? *Ve sus ojos.*

No dejes que tus frases se pierdan. Esa es una debilidad común en demasiados oradores. *Habla claramente* hasta la última letra de cada una de tus frases.

¿Cómo está tu postura?

Ensaya de nuevo, pero esta vez frente a un espejo.

Actúa como si se tratara del verdadero momento. No aprendas malas mañas, son difíciles de corregir. Todos los grandes bailarines, cantantes y actores son tan meticulosos en la práctica como lo son en el escenario. Por eso son lo que son. No se hacen así de buenos en la tarima, lo hacen ensayando. Los mejores artistas saben que cada movimiento cuenta. Si eres laxo aquí, serás laxo allá.

Cuando estaba ensayando para mi gran charla *"Talkin' Stuff"* ("Hablando las cosas") en Washington D.C., en 1992, Carol Burnett me dio un sabio consejo: "Debes conocer tu guión como la palma de tu mano. Si salieras de un sueño pesado y alguien te dijera una de tus líneas, deberías ser capaz de responder inmediatamente con la siguiente. Eso te ayudará a controlar tu ansiedad. Y más importante aún, *si conoces bien tu guión no tendrás que utilizarlo".*

¿No utilizar el guión?

¡Sí!

Todo esto se trata de comunicación. Nunca te subes a un podio a hablar, te subes a *persuadir*. Si no conoces tu charla lo suficientemente bien como para enmendarla, como me preparó Carol para hacerlo, entonces estás perdiendo una de las herramientas más valiosas que tienes: tu habilidad de observar y responder.

Pregúntate: "Cuando hablo con alguien, ¿acaso no le pongo atención a su manera de responder?". Apuesto a que miras a la otra persona con cuidado. Por ejemplo, si alguien no te mira o desvía su mirada cuando le hablas, es probable que tú hables más rápido, más despacio, lo hagas con un mayor énfasis o simplemente dejes de hacerlo. Todos los días ajustamos nuestro comportamiento a las respuestas de los demás. Lo mismo ocurre en la tarima o frente a un micrófono. ¿Por qué?

Las personas se sientan en grupo, pero te miran a ti individualmente.

Una presentación o una charla son algo *personal*. Así tu audiencia se trate de ocho colegas en una mesa de trabajo, ochocientos extraños en un estadio u 8.000.000.000

de espectadores viéndote en sus televisores, entretienes a una sola persona a la vez. Así que, miremos una vez más tu charla. ¿Podemos quitarle alguna cosa que sobre o agregarle una importante? Para aligerarla, ¿pueden tus hechos ser expuestos de una manera más clara, más viva, o quizá (sigo siendo soy un editor) en menos palabras? Para darle más fuerza, ¿tienes alguna anécdota colorida o algo de humor que pueda ilustrar tus puntos clave?

Bien. Sigamos.

Pon tus notas a un lado. No las consultes. Créeme, puedes hacer esto, y los resultados estarán bastante acorde con tu esfuerzo. Con tu reloj y tu grabadora listos, párate frente a un espejo, haz contacto visual contigo mismo y habla una vez más.

¿Cuánto fue tu tiempo? ¿Estás hablando claro hasta el final de cada frase? ¿Tu postura es buena?

Ahora vamos a hacer algo un poco distinto. Siéntate en algún lugar suave o en un sofá. Toma unos cuantos respiros profundos. Ahora relaja todas las partes de cuerpo. Empezando por los dedos de los pies, siente como te vas soltando: sube por tus pies, tus piernas, tu pecho. Deja que tus dedos se relajen, luego tus manos, muñecas, brazos, hombros y cuello.

Cuando estés relajado, cierra tus ojos e imagínate en el podio, dando una charla dinámica. Mírate en acción: tienes confianza. Hablas de manera clara hasta el final de tus frases. Tus gestos son naturales. Haces contacto visual. Estás entusiasmado. Disfrutas lo que haces. Estás sonriendo.

Haz esto durante unos quince o veinte minutos (o más, si lo deseas).

Cuando estés listo, vuelve a tu lugar silencioso con tu reloj y tu grabadora, y habla.

Habiendo terminado ese ensayo, guarda todo. Diviértete: una película, la televisión, una fiesta, un libro. Duerme bien. Te lo mereces.

Al siguiente día ensaya tu historia con algunos escuchas que no tengan presente que estás ensayando. De vez en cuando, inserta en la historia algún punto clave. Fíjate en cómo responden a medida que hablas, pero *no les pidas* su aprobación ("Entonces, Sam, ¿te gustó esta historia?").

Ya vamos llegando.

Sigue practicando el ejercicio de relajación cada día y, cada vez, imagínate de una manera distinta, hablando distinto. Ensaya tu charla con tanta frecuencia como sea posible y, de nuevo, frente a la mayoría de personas que puedas (un estudiante que tomaba *Sé valiente: el curso completo para desarrollar confianza en ti mismo*, una vez me preguntó que si ensayar más de la cuenta era algo malo. "No", le expliqué, "Pues, si en realidad, crees en algo —ya sea una historia o toda una charla— cada vez la contarás con entusiasmo. ¿Nunca has escuchado hablar sin parar a un hincha sobre su equipo de fútbol?").

Hay una gran chance de que, en efecto, te emocione la posibilidad de hablar. Sin embargo, antes de pararte detrás del micrófono quisiera compartir contigo valiosas lecciones que he aprendido sobre las audiencias:

CINCO SECRETOS SOBRE LAS AUDIENCIAS

1. A las personas en la audiencia les importará lo que dices si les demuestras que ellos te importan a ti

No le *digas* a la audiencia que ellos te importan, *demuéstrales* que es así. Comparte tu entusiasmo: permite que tu audiencia sienta tu pasión.

Haz contacto visual con todas las personas que puedas. *Incluye a todos.* No hagas: "teatro de termitas". Eso es lo que pasa cuando los oradores se enfocan en el podio o en el suelo, le están hablando a las termitas. *Mira al frente.* Cuando hablamos con personas en pequeños grupos, naturalmente incluimos a todos los que están ahí. Hacer otra cosa distinta a esto sería grosero. Debemos tratar a nuestro público con el mismo respeto.

Yo divido mentalmente un salón en grupos, escojo una persona en cada sección en la cual enfocar mi mirada y luego vuelvo a ella una y otra vez durante de la charla. Muchas de las otras personas sentadas alrededor de esta pensarán que las miro directamente a los ojos. Si el salón está oscuro, imagino los rostros de las personas en mi mente y actúo como si los pudiera ver.

Siempre *acoge a tu audiencia.* Y, más importante aún, cuando te preparas bien (razón por la cual ensayas), la audiencia sabe que le importas. Se nota.

2. Toda charla efectiva es un diálogo entre orador y audiencia

Debes orientar tu discurso a los escuchas. Recuerda que cada uno te está oyendo individualmente. Los oradores que solo se ven a ellos mismos fracasarán.

Tales personas están absortas en sí mismas y todo el mundo se da cuenta. Ponle atención a tu audiencia, no a ti mismo.

3. Cuando nos enfocamos en la audiencia, la ansiedad disminuye

Cuando le prestamos atención a las respuestas de una audiencia y conocemos bien lo que vamos a decir, como me lo aconsejó Carol Burnett, podemos modificar nuestro guión con verdadera confianza.

Por ejemplo, digamos que cometes un error. Te ríes de ti mismo, que probablemente sería la manera en que reaccionarías frente a tus amigos. Lo más probable es que la audiencia también se ría *contigo*. El error fue inesperado. Si conoces bien el orden de tu charla, puedes hacer mucho más que enmendar un error: puedes llegarle a tu audiencia.

Las audiencias quieren reír: algunos chistes que entre dos o tres personas pueden no ser tan graciosos, pueden hacer carcajear a una audiencia más grande.

Otro ejemplo de un enfoque adecuado sería una instancia en la cual sentiste lo mucho que se conmovió tu audiencia con la historia que acabas de contar o con un punto que acabas de hacer, así que comentas su respuesta con algo como: "Gracias. Creo que pueden darse cuenta que a mí también me conmovió". Eso es honesto y es apreciado.

La clave es la sinceridad de tu deseo por comunicar. ¿Crees en lo que estás diciendo? ¿Para ti es importante comunicar tu mensaje? Las audiencias aprecian el entusiasmo y entienden el nerviosismo.

4. A las audiencias les encanta descubrir

"Voy a comprobar la importancia de la educación. Empezaré por contarles una historia...". Bueno, esa es una manera de introducir al Dr. Carson, el neurocirujano. Pero he aquí otra: "Quisiera compartir con ustedes una historia. Se trata de un pequeño niño llamado Ben...". Escoge la segunda introducción y puedes estar seguro de que la audiencia entenderá el mensaje de la historia. Luego, si quieres, agrega al final: "La educación es importante, ¿no es así?". Tu audiencia estará de acuerdo: *el público es inteligente.*

Por supuesto, muchas veces la única manera de abrir el discurso es exponiendo tu mensaje de entrada. Abrir con un chiste es algo similar. Está bien, pero es una muletilla, probablemente una que no necesitas.

¿Por qué?

Una historia bien contada es la herramienta más precisa que jamás utilizarás.

5. Si leo, te duermes; si hablo, me escucharás

A menos que esté fuera de tu control y de verdad tengas que hacerlo, no *leas* una charla: *charla* tu charla. Si tienes que leer —porque la Nación lo exige, la Constitución lo requiere o la corporación insiste en que lo hagas— entonces debes conocer tu guión tan bien, que tus ojos puedan salir del papel y buscar ojos humanos con los cuales hacer contacto. Recuerda estas tres reglas: pausa, pausa, pausa.

Si estás convencido de necesitar anotaciones, aquí hay algo que puedes hacer: en una sola hoja, anota tus puntos en orden (como sabes que vas a empezar con tu maravillosa historia y a volver sobre ella al concluir, no tienes que anotar todo eso). Mantén la hoja contigo. Si tienes que hacerlo, ponla en el podio.

Si planeas utilizar un tablero, cuadros o ilustraciones, no les hables a ellos. Cuando hables, *mira a tu audiencia*. No ubiques nada entre ellos y tú.

Ahora solo hay una cosa por hacer:

Relájate.

No te vas a morir ni te va a tragar la tierra. De hecho, te darás cuenta que, entre más hables, más confiado te sentirás. Más aún, tu *deseo* de hablar incrementará, y serás capaz de variar y construir sobre lo que has aprendido aquí. Cuando sientas el sincero aprecio de una audiencia por tu esfuerzo, te sentirás eufórico, y eso es construcción de hábitos.

La ansiedad que toda persona siente antes de dar una charla no solo es normal y saludable, es invaluable. La ansiedad es tu aliado. Alcanza su pico justo antes de que empieces a hablar (lo que Jerry Lewis llama su "momento de quince segundos", cuando sus manos se humedecen, juguetea con su corbatín y se pasea de un lado a otro, aún después de más de medio siglo de hablar en público). Sin ansiedad no puede darse una gran charla. Simplemente no es posible.

Una gran charla necesita de la energía que solo provee la ansiedad.

Así que respira profundo. Relájate, tal como lo hiciste cuando estabas ensayando.

Estás listo.

19

Cómo escoger la vida que quieres

¿Por qué decidiste entrar en *Sé valiente: el curso completo para desarrollar confianza en ti mismo*?

Quizá tomaste la decisión porque querías fortalecer tu determinación o reducir tus ansiedades y miedos. O quizá solo querías ser más capaz de responder por ti mismo: *¿Quién soy? ¿Qué es lo que quiero hacer?*

Este capítulo concluye tu búsqueda con una revisión. Es conciso, pero creo que estarás de acuerdo en que su mensaje es sustancial. Empecemos con una rápida mirada hacia atrás.

En el primer capítulo, prometí que te enseñaría cómo hacerte una persona más confiada:

Sé valiente: el curso completo para desarrollar con-fianza en ti mismo, anclado en experiencias prácticas de vida, te servirá porque *podemos* transformarnos. La verdad es que tú y yo cada día definimos quiénes somos por medio de las decisiones que tomamos y, por lo tan-to, elegimos lo que queremos ser. Yo me construyo a mí mismo. Y tú también. Tú y yo no somos lo que comemos, somos lo que *pensamos.* La confianza, por definición, es una actitud, y tu actitud frente a las personas y las situa-ciones, tal como la mía, está sujeta a cambio. Aquí vas a aprender cómo cambiar un set de percepciones por otro. El mundo seguirá siendo el mismo, pero la manera en que lo *verás* será distinta.

Este capítulo completa el ciclo con el último de los siete pasos hacia la autorrealización:

EL SÉPTIMO PASO HACIA LA AUTORREALIZACIÓN

1. Saber quién es el responsable

   Acepta la responsabilidad personal por tu comportamiento. Cuando dices: "Yo soy responsable", puedes construir una nueva vida, incluso un nuevo mundo.

2. Creer en algo grande

   Tu vida es digna de un motivo noble.

3. Practicar la tolerancia

   Te querrás mucho más a ti mismo y también lo harán los demás.

4. Ser valiente

Recuerda: el coraje es actuar con *miedo*, no sin él. Si el desafío es importante para ti, se supone que debes estar nervioso.

5. Amar a alguien

Pues debes conocer la dicha.

6. Ser ambicioso

Ningún esfuerzo por sí solo resolverá todos tus problemas o te llevará a alcanzar todos tus sueños, ni siquiera será suficiente. El querer ser más de lo que somos es real, normal y saludable.

7. **Sonreír**

Pues nadie más puede hacer esto por ti.

Esta regla, como la primera, nos recuerda que es preciso aceptar la responsabilidad personal por nuestras vidas y también sugiere una decisión que cada uno de nosotros debe tomar.

DESAFÍO NÚMERO 21:
LAS DECISIONES QUE TOMAMOS

En el lado izquierdo de una hoja de papel, escribe tres palabras en una columna: "Apariencia", "Lenguaje" y "Comportamiento". Del lado derecho, escribe en otra columna tres palabras: "Personas", "Información" y "Lugares". Al final de la página, en el medio, escribe: "Tiempo". Levanta la hoja de papel.

Apariencia	Personas
Lenguaje	Información
Comportamiento	Lugares

Tiempo

En tu mano estás sosteniendo el potencial de tu vida en este planeta. Esas palabras describen las decisiones que tomas todos los días y que determinan la naturaleza y la calidad de tu experiencia.

Imagina que estás en una casa con dos puertas, una dice "afuera" y la otra "adentro". Las palabras de la izquierda son las que dejas salir; las palabras de la derecha son las que dejas entrar.

SIETE DECISIONES QUE TOMAMOS A DIARIO

1. Apariencia

Escoges la ropa que vas a usar; los jabones, los cosméticos y las fragancias que utilizas; el largo y el estilo de tu cabello; qué tan limpio y saludable te gusta verte.

2. Lenguaje

Escoges tus propias palabras, terminas tus propias frases y te expresas con gestos.

3. Comportamiento

Tú decides de qué manera respondes a las circunstancias.

Apariencia, lenguaje y comportamiento son las decisiones con las cuales permites que el mundo te conozca: tú pintas el cuadro que otros ven. Tú determines cómo te ves, lo que dices, lo que haces.

Y cada día el mundo de afuera pinta un cuadro de sí mismo para ti.

4. Personas

¿Con quiénes decides hablar? ¿A quiénes les permites aconsejarte, confortarte, ser tus amigos? ¿A quiénes animas a ser parte de tu vida?

¿A quiénes dejas entrar?

5. Información

¿Qué mensajes decides recibir? Muchos de nosotros vivimos inmersos en un ventarrón de palabras, sonidos e imágenes: televisión, radio, películas, computadores, discos, grabaciones, libros, periódicos, revistas, panfletos, lecturas, sermones, conversaciones.

¿Qué cosas permites que entren?

6. Lugares

¿De qué manera afectan la calidad de tu vida los lugares en donde más tiempo pasas? ¿Te ayudan a sentirte pleno?

¿Por qué escoges estar en estos lugares?

Mientras que el mundo de afuera se esfuerza muchísimo para influenciarnos, somos nosotros mismos los que escogemos *quién, qué* y *por qué.* Y también escogemos *cuándo:*

7. Tiempo

El "Tiempo" —la palabra en medio de tu página— está bajo tu control. Tú escoges cuándo actuar.

Para llegar al final de este curso, debiste tomar muchas decisiones. Y te felicito. No obstante, has trabajado muy duro para permitir que tu progreso acabe aquí. En realidad, *Sé valiente: el curso completo para desarrollar confianza en ti mismo* empieza cuando dejes este libro a un lado y empieces a vivir los principios que has acogido.

Revisemos algunas de las ideas discutidas en estas páginas. Así tendrás una idea aún mayor de lo lejos que has llegado. Para alguien que no ha hecho el esfuerzo, lo que sigue puede parecer muy poco. Pero un estudiante de *Sé valiente: el curso completo para desarrollar confianza en ti mismo* sabe bien lo que estas palabras quieren decir y por qué algunas llevan un énfasis:

LOS PRINCIPIOS ESENCIALES DE CONFIANZA: EL CURSO DEFINITIVO

- La confianza es una actitud

- La ansiedad es un aliado

- Preocúpate bien

- Entiende tus miedos, actúa

- No intentes

- El coraje es actuar *con* miedo

- ¿Qué es lo peor que puede pasar?

- Compite *solo* para mejorar

- La verdadera confianza viene de ser aceptados como en realidad somos

- Lo que soy, lo que tengo, lo que parezco ser

- Los niños aprenden cuándo confiar; los adoles-centes buscan identidad; los adultos ven más allá de sí mismos

- Haz que la otra persona se sienta a gusto

- *Necesitamos* cometer errores

- Tú no eres tu error

- El éxito es el último eslabón de una serie de inten-tos fallidos por hacer las cosas bien

- Enfócate en las soluciones

- Eres un narrador de historias

- Escoge una historia para tu audiencia; escoge una historia que te guste; ensaya lo que escojas

- Las historias están en todas partes

- *Tú mismo* eres una historia

- Los obstáculos son una oportunidad de adquirir confianza

- Los problemas y las cosas que te fastidian no son lo mismo

- Necesitamos amar

- Nadie tiene el derecho de abusar de ti

- Perdonar no es excusar

- La relación es lo que debe hacerse ideal

- La mejor manera de ayudarme es ayudando a al-guien más

- Fija la imagen en tu mente

- No puedo controlar el mundo, puedo controlarme a mí

- Visualiza tu meta; vende tu meta; *actúa como si*

- No critiques lo que no se puede cambiar

- ¿Qué es lo que quiero pero temo buscar?

- Una gran charla necesita de ansiedad

- Investiga, organiza, ensaya

- Relájate

Es natural querer sentir que tenemos control sobre nuestras vidas, que tenemos la libertad de *escoger*. Después de todo, la calidad de nuestra vida está determinada por decisiones que tomamos:

LO QUE PODEMOS ESCOGER

Podemos escoger en qué creer

Podemos escoger en quién nos convertiremos

Podemos escoger nuestros sueños

Podemos escoger si perseguiremos esos sueños

Podemos escoger nuestros valores

Podemos escoger lo que aprendemos

Podemos escoger cómo aprendemos

Podemos escoger lo que vestimos, lo que decimos, cómo nos comportamos

Podemos escoger qué tanto permitimos que los demás nos influencien

Podemos escoger en dónde estar

Podemos escoger cómo invertir nuestro tiempo

Podemos escoger cómo nos tratamos a nosotros mismos

Podemos escoger cómo tratamos a los demás

Podemos escoger nuestra manera de reaccionar cuando ocurren cosas malas

Finalmente, podemos escoger poner en práctica los siete pasos hacia la autorrealización.

SIETE PASOS HACIA LA AUTORREALIZACIÓN

1. Saber quién es el responsable

Acepta la responsabilidad personal por tu comportamiento. Cuando dices: "Yo soy responsable", puedes construir una nueva vida, incluso un nuevo mundo.

2. Creer en algo grande

Tu vida es digna de un motivo noble.

3. Practicar la tolerancia

Te querrás mucho más a ti mismo y también lo harán los demás.

4. Ser valiente

Recuerda: el coraje es actuar *con miedo*, no sin él. Si el desafío es importante para ti, se supone que debes estar nervioso.

5. Amar a alguien

Pues debes conocer la dicha.

6. Ser ambicioso

Ningún esfuerzo por sí solo resolverá todos tus problemas o te llevará a alcanzar todos tus sueños, ni
siquiera será suficiente. El querer ser más de lo que
somos es real, normal y saludable.

7. Sonreír

Pues nadie más puede hacer esto por ti.

He estado en tu cabeza por un tiempo largo. Has estado oyendo mi voz, evaluando mis sugerencias, quizá
estando de acuerdo con algunas de mis miradas y en
desacuerdo con otras.

A medida que completes el curso, espero que sientes
que he cumplido con mi palabra. Sé que hice lo mejor
que pude.

Mis sentimientos en este momento pueden ser halla-
dos en una historia que, una vez, le escuché a un sacerdote en una ceremonia matrimonial:

Unos buzos profesionales hallaron un barco que había estado hundido durante siglos en las costas de Irlanda. Tenía un gran botín. Entre las cosas valiosas estaba
el anillo de oro de matrimonio de un hombre. Más que
con cualquier otro de los tesoros que los buzos lograron
traer a la superficie, todos estuvieron conmovidos por
el simple mensaje inscrito dentro del anillo: "No tengo
nada más que darte".

¡Ten una gran aventura!

20

¿Qué es lo más importante?

Elie Wiesel, el Premio Nobel, ha sido mi amigo y mentor durante años y, como es de esperarse, he aprendido mucho de este hombre brillante y compasivo. Una de las cosas más importantes que he entendido gracias a Elie estuvo en la respuesta que me dio cuando le hice una pregunta sobre la toma de riesgos: "Nos preparamos de mejor manera cuando construimos nuestra fuerza interior", dijo, "por medio de una filosofía sabia, acercándonos a los demás, preguntándonos: ¿qué es lo más importante?".

Elie, por supuesto, es un ejemplo de los principios que predica.

Lo mismo ocurre con otra profesora que conozco y respeto: Kay Francis Toliver de la escuela pública 72 en

Nueva York. Ella les ha estado enseñando a estudiantes en East Harlem desde 1967.

Kay fue "descubierta" en 1992 por una nación entera cuando la Walt Disney Company le otorgó el premio *American Teacher Award* a "Profesora sobresaliente de matemáticas" en el país. Al año siguiente, el presidente Bill Clinton honró a Kay con otro premio a la "excelencia en la enseñanza de ciencias y matemáticas".

Cuando le pedí a Kay que me contara sobre la mayor alegría que hubiese conocido, me dijo: "ver las sonrisas de mis niños cuando logran hacer algo que pensaron que no podrían hacer".

"Les enseño a mis estudiantes a tomar riesgos", dijo Kay, quien hizo notar que muchos de sus estudiantes enfrentan serios desafíos. "También les enseño a tener unas bases sólidas. Creo en los estudiantes. Sé que pueden aprender. Sin embargo, lo más importante es que crean. Trabajo en eso celebrando sus victorias. Uno de mis colegas señaló que mis estudiantes parecen estar siempre emocionados. 'Son así', me dijo, 'porque tú siempre estás emocionada'. Y bueno, sí lo estoy".

Luego de toda la atención recibida en 1992 y 1993, las clases de Kay fueron filmadas para ser transmitidas en televisión pública, y millones la conocen hoy por los programas *Good Morning, Miss Toliver*, *The Eddie Files* y *The Kat toliver Files*.

Sin embargo, a pesar de la fama y del atractivo de las oportunidades, a Kay Toliver se le puede hallar siempre en cualquier día de escuela, donde ha estado desde 1967, enseñando en la escuela pública 72. "Soy una profesora", me dijo, "me siento orgulloso de ser llamada *maestra*.

Los profesores enseñan. Estoy donde pertenezco, y lo amo. Sé quién soy".

Las observaciones de Kay me recordaron las decisiones que Elie Wiesel me dijo que había tomado: "Escogí ser escritor y profesor", me dijo, "No podemos vivir del *si: si* esto pasara, si aquello, *si* hubiera hecho esto otro.

Cada uno de nosotros puede hacer la diferencia. La felicidad personal no se da en solitario. Debe incluir a alguien más, ya sea a un novio o una novia, un esposo o esposa, un amigo o alguien más. *Necesitamos* el uno del otro.

¿Qué es lo más importante para ti?

Epílogo
Mi momento más gratificante

Hace ya varios años, muchos después de su muerte, tome la decisión consciente de perdonar a mi padre. Si bien no estaba vivo para oír mis palabras, de todas maneras las dije. Para él, no era importante oírlas; para mí, era importante decirlas: *tenía que dejar que mi ira se fuera.*

De no haber podido liberarme de mi ira, no habría podido crecer. Nunca podría haber escrito la carta que viene a continuación. Es la respuesta que escribí luego de leer las palabras que compartí contigo en el prólogo, la carta del profesor que me avergonzó en frente de toda la clase cuando tenía trece años:

Hace unas horas mi considerada asistente, Gida Ingrassia, interrumpió mi conversación telefónica por primera vez en los doce años que llevamos trabajando juntos.

"¡Lee esto ya mismo!", me dijo sosteniendo una carta.

"¿Ahora mismo?", le pregunté, señalando el teléfono.

"Ahora", dijo de nuevo con firmeza.

Obedecí y ahora sé que Gida tenía razón.

Tu carta me conmovió profundamente. Se requiere de un gran coraje para escribir y compartir tanto de ti mismo. Tus sensibles palabras llenan mi círculo de vida de la manera más hermosa posible.

El título de mi segundo libro, The Greatest Risk of All *(El mayor riesgo de todos), ha llevado a muchas personas a preguntarme: "¿Cuál es el mayor riesgo de todos?". Siempre respondo igual: "Es ser vulnerable, permitirle a los demás que nos vean como somos".*

Pues bueno, tú has tomado el mayor de todos los riesgos, y no podría estar más conmovido.

La verdad es que tú eras una de las muchas personas que odiaba cuando niño, y le sumé varios nombres más a mi lista a medida que me volví adulto. Recuerdo, con dolor, las veces en que sentí que mi ira y mi odio casi me consumían. Con todo, eso ya no me pasa.

Hace años que te perdoné. Incluso, me perdoné a mí mismo.

Lo que hoy en día entiendo es que trataste de hacer lo mejor con lo que tenías. Estoy seguro de que floreciste en el salón a través de los años y, sin duda, un tiempo después, habrías encontrado más fácil lidiar con un niño como yo, pero también debes reconocer que, en efecto, me enseñaste. Tú eres mi profesor. Hoy mismo me has enseñado de nuevo sobre el extraordinario poder de perdonar. Me conmovió tanto tu can-

didez y bondad, que llamé a mi amigo Norman Vin-
cent Peale, le conté que tú habías visto el artículo en
Guideposts, y le leí tu carta.

"Dile la verdad...", me aconsejó Norman.

"¿Qué verdad?", le pregunté.

"Que lo amas".

Y es cierto.

Como era de esperarse, mi antiguo profesor contestó
y, por supuesto, Norman Vincent Peale también: "Siempre recordaré este incidente como uno de los más inspiradores que he conocido".

Aún hoy en día, lucho con el tercero de los tres pasos
hacia la autorrealización —ser tolerante—, pero a veces
me ayuda recordar lo que aquí he contado. Espero que a
ti también te ayude.

NOTA DEL AUTOR

Quisiera agradecerle a Loretta Anderson, quien, como mi primera editora, leyó y escuchó con paciencia cada versión de cada manuscrito que escribí; a Jack Scovil, mi amigo y agente literario, cuyo incondicional aliento ha sido un salvavidas en un mar agitado por la tormenta; a los editores contribuyentes, Martin Timins, Lauren Picker, Anita Goss y Eric C. Anderson, cuyas ideas aportaron inmensamente al trabajo final; a la editora creativa de *Harper Collins*, Victoria Mathews; a la editora de producción, Christine Tanigawa; y al diagramador, Joseph Rutt, por su profundo profesionalismo e incansable atención a los detalles; a mis colegas de *Parade* y de la New School for Social Research, por sus sugerencias y apoyo durante los dos años que me pasé escribiendo *Sé valiente: el curso completo para desarrollar confianza en ti mismo*; a Marilyn y John Rosica, por sus invaluables consejos; a todas las personas generosas —amigos— que son reseñados o citados en estas páginas, por su amabilidad y sabiduría; y a la Horatio Alger Association of Distinguished Americans, por su útil asistencia técnica e investigativa.

Finalmente, hay una persona cuya contribución ha sido la más grande de todas a *Sé valiente: el curso completo para desarrollar confianza en ti mismo*. Se trata de Mitchel Ivers, y tengo el honor de llamarlo mi editor. Mitch creó la estructura final de este libro, capítulo por capítulo, que editó de forma brillante. En verdad, mejoró mucho este trabajo e hizo un amigo.